bvbooks
eu leio

Comentários sobre *Rito de Passagem*

Se eu pudesse reviver a época em que fui pai, antes leria este livro. A partir de agora, incorporarei suas palavras aos meus próprios trabalhos. Comprem muitos exemplares de *Rito de Passagem*. Trata-se de um ótimo presente para qualquer família que você ame.

— Andy Andrews, autor dos best-sellers *The Traveler's Gift* e *The Noticer*, segundo *New York Times*

Atemporal e comprovadamente verdadeiro para a vida de seus próprios filhos, Jim McBride ajuda, neste livro, pais e adolescentes a entenderem o "rito de passagem" para a vida adulta. Com princípios bíblicos, conselhos práticos e orientações de ritos, os pais podem guiar seus filhos com confiança em direção à vida adulta. Leia este livro, siga seus princípios e deixe um legado de bênçãos para os seus filhos.

— Dr. Gary Smalley,
autor de *Guarding Your Child's Heart*

Se levados ao coração e postos em prática, os princípios e ideias deste livro podem ajudar adolescentes a se transformarem em adultos cristãos que glorificam ao Senhor e fazem seus pais, avós e pastores felizes. Eles também ajudam pais a exercerem melhor suas funções dentro de uma perspectiva cristã. Eu, de todo o coração, recomendo este livro. Toda igreja deveria adotar e apoiar este tipo de ministério.

— Warren W. Wiersbe, escritor e antigo pastor da *Moody Church*

Por meio de seu livro, Jim McBride serve como um parceiro de luta perfeito, como aqueles dos programas de luta livre que passam na televisão, para qualquer pai ou mãe. Eu me cansei de tanta psicobaboseira que é vendida como conselho prático. Pessoalmente, gosto de saber se o autor do livro é um líder e se é um sucesso em casa e no trabalho. Gosto de conhecer o caráter tanto espiritual como emocional de seus filhos. Conheço Jim McBride há 20 anos. Já viajei com ele e sua família por todo o mundo e conheço seus filhos muito bem. Este grande homem fica muito pequeno quando se ajoelha para brincar e orar por seus filhos. Este livro é necessário para todo pai, mãe, avô ou avó. Chega de luta livre, só a boa e velha inspiração bíblica.

— Dr. Jay Strack, presidente e fundador
www.studentleadership.net

Numa cultura em que muitos pais estão abandonando suas responsabilidades, nossos filhos realmente precisam entender o significado de sua passagem para a vida adulta. O livro de Jim McBride presenteia os pais com uma oportunidade única de conclamarem seus filhos a atenderem o chamado para uma vida adulta como mulheres e homens maduros. O ritual que ele criou é um trabalho de amor e teve um poderoso impacto na vida de seus próprios filhos. *Rito de Passagem* é baseado em sólidos princípios bíblicos e eu sei que a prática de vida de Jim combina com o que ele prega. Sendo assim, acredito que há uma bênção guardada para aqueles que lerem este livro e seguirem seu exemplo.

— Frank Harrison, Presidente e CEO da *Coca-Cola Consolidated* – Charlotte, NC

RITO DE PASSAGEM

QUAL O LEGADO QUE VOCÊ DEIXARÁ PARA SEUS FILHOS?

JIM MCBRIDE

Todos os direitos em língua portuguesa reservados por:

© 2013, BV Films Editora Ltda
e-mail: faleconosco@bvfilms.com.br
Rua Visconde de Itaboraí, 311 – Centro – Niterói – RJ
CEP: 24.030-090 – Tel.: 21-2127-2600
www.bvfilms.com.br | www.bvmusic.com.br

É expressamente proibida a reprodução deste livro, no seu todo ou em parte, por quaisquer meios, sem o devido consentimento por escrito.

This book was first published in the United States by Moody Publishers, 820 N. LaSalle Blvd., Chicago, IL 60610 with the title Rite of Passage, copyright © 2011 by Jim McBride. Translated by permission.

Editor Responsável: Claudio Rodrigues
Coeditor: Thiago Rodrigues
Adaptação Capa: Chayanne Maiara
Diagramação: Josney Formagio
Revisão Gráfica: Larissa Almeida
Tradução: Alexandre Daumerie
Revisão de Texto: D&D Traduções
Revisão de Provas: Christiano Titoneli Santana

As passagens bíblicas utilizadas nesta obra foram, majoritariamente, da Nova Versão Internacional (NVI), salvo indicação específica.

ISBN 978-85-8158-039-5
1ª edição – Janeiro | 2013
Impressão: Promove
Classificação: Moral Cristã | Família

Impresso no Brasil

Aos meus filhos:
Victoria, Buddy, Tommy e Sarah.

Agora passo o bastão a vocês.
Que possam viver tudo aquilo que os ritos de passagem significaram, ensinaram e falaram em suas vidas.
Por causa de vocês, muitos, em gerações futuras, poderão conhecer o poder das bênçãos de seus próprios pais e o poderoso amor do nosso Pai celestial.

SUMÁRIO

Prefácio	11
Introdução: Por que um "Rito"?	15
1. Ritos e Bênçãos	27
2. Desenvolvendo a Ideia	39
3. O Rito de Passagem de Buddy	55
4. A Vez de Tommy	69
5. O Rito de Victoria	81
6. A Vez de Sarah	95
7. Planejando um Rito de Passagem	107
8. Resultados	125
Epílogo: Nunca é Tarde Demais	131
Anexo: Esboços para o Planejamento de um Rito de Passagem	139
Notas	143
Agradecimentos	145

PREFÁCIO

Conheço Jim McBride em múltiplos níveis. Primeiro, o conheci como pastor. Jim e sua família eram novos na cidade e visitavam Sherwood. Ele era o novo gerente da fábrica da Coca-Cola em Albany, e não demorou muito para que eu descobrisse que aquele homem era um líder.

Eu o conheci como professor de escola bíblica, fiel diácono, presidente de nosso comitê escolar e, agora, como membro da equipe. Em toda posição que assumiu, Jim sempre foi um modelo de integridade, compromisso com a excelência e paixão pelos assuntos eternos.

Há 10 anos, Jim se aproximou de nossa equipe e agora serve como pastor auxiliar. Ele administra as operações diárias do orçamento multimilionário de nossa igreja e nos guiou por quatro campanhas significativas de levantamento de fundos que visam a alcançar futuras gerações para Cristo. Ele também orientou-nos quanto à realização do Legacy Park, nosso complexo esportivo de 331 mil metros quadrados, construído com ofertas de nossa membresia e verbas da Sherwood Pictures.

Além disso, ele supervisiona todos os contratos e acordos financeiros da Sherwood Pictures. Acho que dá para perceber que Jim é um homem ocupado. Viajamos por todo o país nestes últimos anos visitando igrejas, indo a conferências, grandes eventos e entrevistas veiculadas na mídia para falarmos sobre o que Deus estava fazendo por meio de filmes, como *Desafiando os Gigantes*, *Prova de Fogo*, *Corajosos* e *A Virada*. Quando passamos muito do nosso tempo com alguém, como temos feito, acabamos conhecendo-nos em múltiplos níveis.

Jim não é somente um colega de trabalho e meu pastor auxiliar, é meu amigo. Ele me conhece por dentro e por fora e, ainda assim, escolhe me amar e ficar comigo à medida que procuramos alcançar o mundo daqui de Albany, na Geórgia. Eu não poderia me imaginar nesta jornada sem ele.

Mas este livro não é sobre seu talento de manter vários pratos girando sobre varetas aqui pela igreja de Sherwood. É sobre Jim como marido e pai. Mesmo com tantas responsabilidades, Jim tem provado ser um homem de Deus com um compromisso constante em relação à sua esposa e filhos. Eu honestamente não sei como ele acha tempo para fazer tudo o que faz, mas ele acha.

Jim tem quatro filhos já adultos. Quando nos conhecemos, seus filhos eram bem mais novos. Hoje, três deles estão casados, e já há netos nas fotos. Os filhos de Jim amam e honram o pai. Testemunhei vezes em que seus filhos o procuraram em busca de palavras de sabedoria e direção. Ele é um bom guia de Deus para os filhos. Jim lhes oferece tijolos da verdade sobre os quais eles podem erguer suas vidas. Este livro não é uma "ideia" de Jim – é a sua vida. É como ele tem vivido sendo um homem de Deus, marido e pai.

O livro que você tem em suas mãos é especial. Não nasceu da teoria, mas da prática. Cada um dos filhos de Jim passou por este rito de passagem. Você poderá conhecer Jim por intermédio deste livro e vai amá-lo. Perceberá o compromisso que ele e Sheila tiveram com o desenvolvimento de seus filhos para que viessem a ser seguidores de Cristo. Todos eles receberam a bênção de seu pai, assim como todos que conhecem tanto sua forte personalidade quanto seu coração tenro. Estes jovens são a prova de um homem que guiou a família na verdade.

Numa época em que muitos lares carecem de um pai que os lidere, este livro é um recurso imprescindível. Esta obra vai encorajá-lo, não importa em qual estágio de vida você esteja com seus filhos ou netos, e lhes dará mais espaço para se relacionarem. Eu incentivo todos a lerem este livro e a fazerem uma aplicação prática e pessoal destas verdades e exemplos em suas próprias famílias.

Michael Catt
Pastor presidente da Sherwood Baptist Church
Produtor executivo da Sherwood Pictures

Introdução

POR QUE UM "RITO"?

Por que alguém precisaria de um livro sobre um rito de passagem?

Porque conduzir um adolescente a uma vida adulta com um propósito é melhor do que deixar isso acontecer por acidente. Acredito que tal tarefa seja parte da responsabilidade que nos foi dada por Deus, de direcionar a vida de nossos filhos para despertarmos o homem que há dentro de nossos meninos e a mulher que há dentro de nossas meninas. Deixe-me explicar.

Eu cresci numa família nômade como circense. Nossa família viajava por toda a Costa Oeste, de Bridgeport, Connecticut, à Flórida; por duas vezes até pusemos toda a nossa bagagem numa barcaça e fomos até Venezuela e Porto Rico. Como um garoto "circense", eu arrumei meu primeiro emprego aos 7 anos, durante o verão, num parque de diversões itinerante.

Quando eu fiz 9 anos, meu tio-avô Woody comprou para mim um trailer de sorvete. Era meu primeiro negócio e eu tive de contratar, demitir, gerenciar pessoas e comprar todo o meu estoque – basicamente, era eu quem administrava tudo. Eu me lembro de que eu estava me preparando para participar da Feira Estadual de West Virginia, um dia antes de abrirmos nosso trailer, quando chegou o entregador para ver se precisávamos de sorvete para o estoque. Eu lhe disse que precisava e ele respondeu: "Tá bom, garoto, mas eu preciso falar com o dono antes".

Eu lhe disse que eu era o dono; ele logo entrou no caminhão e foi em direção à administração falar com meu tio.

Quando ele perguntou ao meu tio se ele precisava de alguma coisa para o trailer, meu tio disse que o dono já estava lá. O entregador disse que a única pessoa que estava lá era um garoto. Meu tio disse: "Aquele garoto é o dono. Se você quiser vender seu estoque vai precisar negociar com ele". Logo depois o entregador foi ver o meu pedido.

A Vida nos Parques

Por meio deste tipo de experiência, pondo a mão na massa, meu tio me proporcionou um ensinamento precoce sobre experiências que temos ao longo da vida. Eu passei do trailer de sorvete para a administração de um dos grandes brinquedos do parque, o *Tilt-A-Whirl*, quando eu tinha 15 anos. Eu era responsável por desmontá-lo, remontá-lo e por contratar toda a equipe necessária para o trabalho.

Eu comecei a dirigir por volta dos 12 anos, viajando a trabalho pela interestadual com meu tio no banco do carona. Quando eu fiz 16 anos, passei a dirigir caminhões maiores. Continuei naquele processo de gradual aumento de responsabilidade no mundo do parque itinerante até os 18 anos. Nem preciso dizer que nosso estilo de vida não nos permitia estarmos na igreja todos os domingos. Eu ia à igreja somente quando estava em casa e aí eu apenas acompanhava os movimentos e dizia as palavras certas. Esta "fé" não tinha tocado meu coração ou afetado a maneira como eu vivia.

Aos 18 anos eu entrei para o corpo de fuzileiros navais dos Estados Unidos. Passei pelo *boot camp* – que é por si um rito de passagem – e segui em frente até me tornar um especialista em comunicações, trabalhando com rádios e outros equipamentos do gênero. Mas, no fundo, ainda tinha um espírito circense e o coração de um homem de negócios. As muitas habilidades adquiridas na vida militar viriam a ser úteis para a vida civil. Portanto, depois de servir no corpo de fuzileiros navais, usei minha inclinação natural para os negócios e mergulhei neles de cabeça. Entrei para a *Coca-Cola Company* em 1985 como entregador e mais tarde tornei-me um vendedor de rota. Rapidamente, ascendi aos cargos de gerência, começando como supervisor assistente numa fábrica de distribuição em Greensboro, na Carolina do Norte.

Seis anos antes, depois de ter voltado para casa, vindo do *boot camp*, eu tinha começado a namorar a minha Sheila, a garota com quem um dia eu viria a me casar. Já no segundo encontro soube que ela seria a mulher com quem passaria o resto da minha vida. Ela era cristã, e mais tarde viria a me amar e orar para que eu me juntasse à fé. Ao longo dos dez anos seguintes, tivemos nossos quatro filhos que são as maiores bênçãos de nossas vidas.

Aprendendo sobre luta livre, Coca-Cola e a ser um homem

Enquanto isso, eu havia desenvolvido uma habilidade adicional. O futebol americano fez parte da minha vida à medida que crescia, e eu sou um cara bem grande; então, naturalmente, imaginei que pudesse tentar a vida como lutador profissional. Como um "negócio" à parte na Carolina do Norte, me tornei um dos lutadores de *tag team* profissional da *Destruction, Inc*.

Naquela época eu estava afiliado à Coca-Cola havia 2 anos, então meu nome de ringue era Sargento Sprite. Eu me apresentava aos fãs assim: "Tenho 111 quilos de aço retorcido e apelo sexual! Um homem com força, doce demais para ser azedo! As mulheres me querem para amar, os homens me querem para lutar! Sou o rei da ferroada, o trem de carga da dor! *Ooooh baby*! Eu não sou demais?"

Tudo bem, eu não era exatamente humilde. Meu parceiro de luta e eu duramos dezoito meses e ganhamos muitos fãs, mas larguei a luta depois que um de meus oponentes usou em mim um golpe perigoso que havia previamente concordado em não usar – ele poderia ter quebrado meu pescoço!

Eu estava direcionado a ser bem-sucedido nos negócios e fui alcançando promoção na Coca-Cola rapidamente. Isso me levou a Burlington, na Carolina do Norte, no início dos anos 1990, gerenciando uma fábrica da Coca-Cola com cerca de cem empregados. Atribuo minha posição ao trabalho duro, mas também aos princípios que aprendi com meu tio-avô, Woody McBride, no parque de diversões itinerante. Meu treinamento nos negócios provou-se inestimável uma vez que eu havia aprendido a gerenciar pessoas desde muito novo.

Mas eu não havia sido muito treinado acerca do que realmente significava ser um homem.

Àquela altura – eu tinha 32 anos – eu não ia à igreja havia 8 anos, a não ser em caso de casamentos ou funerais. Por uma série de circunstâncias, indubitavelmente criadas por Deus, eu ouvi alguns colegas de trabalho conversando sobre sua Fé. O Senhor estava me puxando pelo coração, e quando ouvi um dos colegas convidando outro para ir à sua igreja, eu me intrometi na conversa e perguntei por que ele não havia me convidado também. Obviamente, ele na hora o fez.

Fui para casa e contei a Sheila que eu havia aceitado um convite para ir à igreja e sua reação... bem, vamos apenas dizer que ela ficou abismada. Como cristã, ela sempre esteve em oração por mim. Por 8 anos, até levava amigos da igreja para casa na esperança de que alguma coisa acontecesse e eu entregasse minha vida a Cristo.

O líder que não estava liderando

Fomos à igreja no domingo seguinte pela manhã, que era também um domingo de *Super Bowl* e a mensagem do pastor foi: "Que time você está defendendo? O de Deus ou o de Satanás?" Ele perguntou: "Você está guiando as pessoas para o céu ou para o inferno com suas ações?" Parecia que ele estava falando diretamente comigo. Eu não era um idiota – sabia que eu era um líder, e certamente não estava guiando ninguém para o céu. Não estava focado no Senhor; estava focado em mim mesmo. As pessoas me admiravam porque eu era bem-sucedido, mas meu modelo de "sucesso" era diferente do modelo de sucesso do Senhor, e eu estava levando as pessoas à deriva com minhas ações.

O pastor disse: "Não importa se você é o faxineiro ou o CEO de uma grande empresa – há sempre alguém que o admira. Há alguém sobre quem você exerce influência, alguém que está moldando sua própria vida tomando a sua como modelo". Eu me convenci pela primeira vez. Seria verdade que minhas ações estariam guiando as pessoas ao inferno?

Voltei ao trabalho naquela semana e não conseguia pensar em outra coisa a não ser no que Deus tinha me falado através da pregação daquele pastor. Um dia, chamei cinco caras que eu sabia que eram cristãos ao meu escritório. Eu lhes fiz perguntas e eles compartilharam sua fé comigo. Depois de algum tempo, lhes disse: "Tenho certeza de que o que preciso neste momento é de Jesus Cristo como meu Senhor e Salvador. Vocês podem me ajudar? Podem me mostrar o que fazer?"

Um dos caras disse: "Eu preciso ir até meu carro para pegar minha Bíblia". Quando ele a trouxe, eu me lembro de ter achado que era a Bíblia da mulher dele porque tinha um laço na capa. Lembrando disso agora, é engraçado, mas serve para mostrar que, quando Deus toca as pessoas, pequenos detalhes como aquele não importam.

Ele abriu a Bíblia e compartilhou as Escrituras comigo, então eu me ajoelhei em meu escritório com aqueles cinco homens e orei recebendo Cristo.

Uma vez tendo recebido Jesus como meu Salvador, Deus me deu uma grande paixão ao garantir que Sheila e eu, como casal, passaríamos a tocha do Evangelho de Cristo aos meus quatro maravilhosos filhos, com os quais Deus havia nos abençoado: Victoria, Buddy, Tommy e Sarah. Nós queríamos dar-lhes uma base melhor e direção para que se preparassem para a jornada de suas vidas.

A estrada que me levou a entender a importância de ser específico e intencional em guiar meus filhos em direção à vida adulta (tanto como homens e mulheres quanto como seguidores de Cristo) pareceu-me longa. Mas, naquele instante, eu estava pronto para a incrível responsabilidade e prazer de guiar aqueles jovens à vida adulta como verdadeiros homens e mulheres.

Por que um rito?

Embora o relacionamento que eu tinha com meu pai fosse bom, eu nunca soube se ele acreditava com sinceridade em mim e se eu tinha sua bênção. Nunca o havia visto me abençoando e me enviando ao mundo como homem. Eu queria que isso fosse diferente com meus próprios filhos.

Eu adoro ler e aprendi, um pouco depois, sobre ritos de passagem em muitos livros, como *Raising a Modern-Day Knight: A Father's Role in Guiding His Son to Authentic Manhood*, de Robert Lewis. Usando como modelo o processo pelo qual um garoto passava por vários estágios da cavalaria durante a época medieval, Lewis identificou estágios similares que poderiam ser usados pelos pais de hoje. A partir desses estágios, ele criou rituais com os quais os responsáveis puderam perceber um avanço significativo na jornada do próprio filho em direção à vida adulta. Lewis escreve:

> Em minha opinião, os pais de hoje estão falhando com seus filhos em três pontos críticos. Em primeiro lugar, nós falhamos em passar aos nossos filhos uma definição de masculinidade de forma clara, inspiradora e baseada na Bíblia. Dizer a um garoto para "ser um homem" sem lhe definir o que é masculinidade é como dizer: "Seja um sucesso". Isso até que soa bem. No entanto, na prática, não leva ninguém a lugar algum.

Em segundo lugar, a maioria dos pais carece de um *processo direcional* que leve o filho a compreender a vida adulta de um homem que eles mesmos deveriam ser capazes de definir. Geralmente, o que é tido como um treinamento masculino, na maioria dos lares, é algo muito vago e aleatório. Não é ensinado aos filhos sobre a transição da puberdade para a vida adulta. O que o filho precisa é de uma linguagem específica e de um treinamento que o leve a uma condição onde, como o apóstolo Paulo, ele possa dizer: "Quando me tornei um homem, deixei para trás as coisas de menino".

A terceira falha envolve a perda do *ritual*.[1]

Estes poucos parágrafos me tocaram e eu estava determinado a não deixar isso acontecer com os meus filhos. Eu tinha escorregado para a vida adulta sem um ritual definido e sem um conhecimento do que é ser um homem. Eu precisara naquela época de um pouco de ritual e de conteúdo, assim como meus filhos precisavam naquele instante. Depois de orar, disse a Sheila, no momento apropriado, que eu queria fazer um tipo de rito de passagem com Buddy e Tommy; alguma coisa que fosse única para eles como garotos e para nossa família. Seria algo que os ajudaria a entender o que significa ser um homem.

Eu queria criar um processo cuidadoso para guiá-los em direção àquele objetivo. Como Lewis havia escrito, eu queria celebrar o processo com uma cerimônia específica para marcar sua entrada na vida adulta – um evento que fosse uma espécie de encerramento de todo o processo. Primeiro, queria determinar uma data e um momento no qual eu reconheceria meu filho como um homem aos olhos de seu pai. Segundo, queria reunir um grupo de homens de Deus. Estes homens estariam entre aqueles que, de alguma forma, já haviam investido na vida de meu filho. Eles seriam pessoas com as quais meu filho poderia contar para receber apoio espiritual – algo como um grupo de aconselhamento ou responsabilidade espiritual.

Mais tarde, eu vim a adaptar esse modelo para minhas filhas, Victoria e Sarah.

Encorajo-o a fazer algo parecido. Este livro contém o processo que usei para guiar quatro crianças aos ritos de passagem, mas, por favor, entenda que não é para servir como um guia de procedimento padrão. Cada família é diferente, assim como cada filho ou filha é diferente. Eu espero que, por meio das páginas deste livro, você possa se servir de princípios gerais e adaptá-los para suas circunstâncias pessoais.

Preparando nossos filhos de forma correta

Eu não consigo enfatizar suficientemente a importância de fazer isso. Nossa cultura está ficando cada vez mais hostil quanto a viver o cristianismo e não podemos enviar nossos filhos ao mundo sem que estejam preparados. Se o fizermos, existe uma grande probabilidade de que eles se afastem da fé.

Um estudo recente da *Life Way Research*[2] descobriu que sete de dez pessoas que costumavam ir à igreja entre 18 e 30 anos – tanto de igrejas mais modernas quanto de igrejas mais tradicionais – acabaram deixando de frequentar os cultos por volta dos 33 anos. Dentre elas, 34% disseram que não iam mais à igreja, nem esporadicamente, desde mais ou menos os 30 anos. A pesquisa mostrou que cerca de um a cada quatro jovens havia deixado a igreja. Este resultado é parecido com o da pesquisa realizada pelo *Barna Group*, a qual descobriu que a maioria dos jovens de vinte e poucos anos estavam na igreja em alguma época da adolescência, mas agora estavam espiritualmente desengajados, ou seja, não frequentando ativamente suas igrejas, lendo a Bíblia ou orando. Apenas um quinto dos jovens de vinte e poucos anos manteve um nível de atividade espiritual consistente com suas experiências da época do ensino médio.

David Kinnaman, presidente do *Barna Group*, escreveu:

> Não é de se espantar que uma transformação espiritual profunda e duradoura seja rara de acontecer entre

adolescentes; trata-se de um trabalho árduo em qualquer idade, sem contar as distrações da juventude. E uma vez que a fé dos adolescentes quase sempre espelha a intensidade da fé de seus pais, os obreiros que trabalham com os jovens costumam enfrentar grandes desafios, porque estão tentando transmitir algo de importância espiritual que adolescentes, em geral, não recebem em casa.[3]

Como pastor e como pai, considero essas estatísticas deprimentes e a última afirmação deveria servir como um grande alarme para todos os cristãos. Embora professores, obreiros e ministros em nossas igrejas façam um ótimo trabalho – e você lerá sobre alguns deles neste livro – não é função deles educar nossos filhos da maneira como deveriam ser educados por nós, pais. Aquelas pessoas estão lá para reforçarem o que nós, pais, já deveríamos fazer em casa. Como diz a pesquisa do *Barna*, a fé de nossos adolescentes se espelha na intensidade da fé dos pais. Se eles não estiverem recebendo essa intensidade de casa, é improvável que o líder dos jovens na igreja, tendo apenas algumas horas por semana de convivência com nossos filhos, consiga exercer muita influência por si só.

Ed Stetzer, diretor do *Life Way Research*, disse: "Muitos dos grupos de jovens e adolescentes são como reservatórios cheios de pizza. Não há vidas sendo transformadas. As pessoas procuram por uma fé que possa transformá-las e que seja parte de um processo de modificação do mundo".[4]

Mas, há boas notícias. A pesquisa da *Life Way* descobriu que aqueles que ficaram ou voltaram para a igreja já como jovens adultos são justamente os que haviam crescido com pais que tinham compromisso com a fé e com membros da igreja, que haviam investido em seu desenvolvimento espiritual.

É aí que você entra. O rito cristão de passagem é uma maneira única de dar aos nossos filhos uma bênção e uma confirmação a respeito de seus papéis na Fé. É uma maneira de dizer-lhes que eles são especiais e que você – o amigo, o pai ou a mãe, o responsável – tem um interesse especial em suas vidas, ainda que tenham alcançado a vida adulta. Brian Molitor fala sobre isso em seu livro *Boy's Passage, Man's Journey*:

> Os pais fazem o seu melhor para equiparem seus filhos com tudo o que eles precisam para serem bem-sucedidos. Nutrição, instrução, transporte, ensino e amor – tudo suprido com muita generosidade. Certamente, isso é o suficiente para que nossos jovens prosperem.
> Será?
> Se estes conceitos básicos são tudo o que um jovem precisa para ser bem-sucedido, então por que há tantos em nossa sociedade lutando para encontrar propósito, identidade e a própria masculinidade? Por que tantos homens, jovens e idosos estão deprimidos e ansiosos pela vida? Qual poderia ser a causa de intermináveis histórias terríveis envolvendo crimes, sexo adolescente, uso abusivo de drogas e álcool, gangues, assassinato e suicídio?[5]

O problema é que muitos homens de hoje nunca aprenderam realmente o que significa ser um homem. Quem são seus modelos de vida? Eles estão cercados por uma cultura de uso normal de drogas e abuso do álcool. Hollywood e sua cultura pop dizem ao homem que ele se define pela quantidade de mulheres com que dorme ou por quão machão ele é. Alguns, em busca de aprovação por parte dos adultos e de seus companheiros de idade, entram para gangues. Um dos grandes apelos das gangues é que elas se promovem como famílias. Se você entra para uma, vira parte daquela família. (E não pense que gangues são apenas um problema típico das grandes cidades. O FBI recentemente alertou que elas têm, de forma gradativa, entrado nos subúrbios e até mesmo nas áreas rurais, onde têm encontrado solo fértil em jovens alienados e sem objetivos na vida.[6]) O desespero proveniente de tal cultura leva nossa juventude a certas atitudes nocivas, como automutilação, distúrbios alimentares e, em alguns casos, suicídio.

Muitos jovens nunca foram trabalhados durante o crescimento. Eles muito provavelmente nunca tiveram um grupo de homens ou mulheres para guiá-los e dar-lhes conselhos que servem para toda a vida, daqueles que os jovens precisam para passar da adolescência à vida adulta. Nossa cultura clama por este direcionamento – nós precisamos provê-lo.

Este livro contém o processo que eu usei com meus quatro filhos nos ritos de passagem, um processo planejado para as nossas necessidades, mas facilmente adaptável para outras famílias e suas características singulares. Mostrarei como algumas outras famílias fizeram o rito de passagem e darei algumas dicas de como criar um para seus filhos.

O desafio está sendo lançado a pais (e mães) cristãos para que possam oferecer um direcionamento com propósito à vida de seus filhos, para quando eles se tornarem homens e mulheres, um dia, reconheçam este marco na presença de outros que tenham exercido e que ainda exerçam um duradouro e significante impacto em suas vidas.

Vamos começar a jornada!

Um

Ritos
e Bênçãos

Através da história muitas civilizações têm celebrado ritos de passagem, servindo como um marco da chegada à maioridade. Há algo em nossa natureza que nos faz querer identificar a transição da infância para a vida adulta. Tipicamente, estes ritos incluem três elementos: separação, transição e, em seguida, incorporação.

Na fase de *separação*, o jovem é tirado de seu ambiente familiar para entrar num mundo diferente e, às vezes, difícil. A separação pode acontecer em diferentes formas: uma viagem distante, um período num lugar inóspito ou apenas um tempo longe dos pais.

Durante o período de *transição*, o iniciado deve passar por algum tipo de mudança, seja através de uma provação, um desafio de sobrevivência ou aumento de responsabilidade. Essa fase é o momento em que o participante aprende o comportamento adequado para o novo estágio que entrará. Seja qual for o evento de transição, a pessoa se torna diferente assim que emerge do que era quando ela começou.

Finalmente, durante a *incorporação*, o jovem é recebido de volta à sociedade como uma pessoa transformada – assim espera-se – com um novo senso de propósito e missão. Essa última fase acontece quando a pessoa é admitida dentro de seu novo papel e, normalmente, requer algum tipo de ritual.

Seja um fuzileiro!

De certa forma, minha experiência no *boot camp* foi um rito de passagem. Durante a *separação*, deixei minha família e tudo o que sabia e viajei para Parris Island, na Carolina do Sul, o mais famoso *boot camp* do corpo de fuzileiros navais dos Estados Unidos. Ao sair do ônibus em direção aos gritos dos instrutores, fui conduzido a uma porta onde estava escrito: "Por estes portais passam os candidatos para a melhor força de combate do mundo". Estava verdadeiramente separado, num mundo onde recrutas nunca conseguem fazer nada rápido ou bem o suficiente. (Preciso confessar que no início eu cheguei a me perguntar: *Mamãe, o que eu fui fazer?*) Parris Island não se caracteriza como uma separação só no sentido de ser arrancado do seu passado; por ser uma ilha, é também, literalmente, separada do continente, ao qual se une apenas por uma ponte, guardada por sentinelas armados.

Durante a *transição*, fui gradativamente moldado até tomar a forma de um fuzileiro naval americano. Foi um processo árduo, com vários dias dentre os quais passávamos horas no campo, em sala de aula e no "moedor" (é o nome dado àquelas áreas onde as tropas costumam se apresentar em forma e marchar, fazendo movimentos com os fuzis). Mas, lentamente, ao longo das três fases do treinamento de recrutas, fui passando da condição de civil com hábitos civis para a de um fuzileiro com hábitos de fuzileiro.

Por fim, meses depois, veio o dia da formatura, quando eu fui incorporado ao corpo de fuzileiros navais. Naquele dia eu recebi o título de "Fuzileiro Naval Americano" pela primeira vez. (Durante o *boot camp*, nós éramos chamados apenas de "recruta", "soldado" ou outras coisas que não posso repetir aqui, mas nunca de "fuzileiro". Esse título tinha de ser conquistado.)

Naquele dia de *incorporação*, me tornei parte de uma força de combate, com rica tradição de mais de 200 anos, e do espírito de equipe e companheirismo intrinsicamente ligados a ela. Agora, era membro de algo muito maior do que eu mesmo, com toda uma tradição de honra, coragem e compromisso a ser cumprida. Também foi importante para mim o momento em que fui reintroduzido e recebido pela minha família.

Tornar-se um homem em Esparta

Outros povos, através dos séculos, incorporaram ritos de passagem que levavam seus jovens – em geral, meninos – ao mundo mais amplo daquele local. Em antigas culturas guerreiras, como as de Esparta, na Grécia, tais ritos eram brutais e, às vezes, o jovem não sobrevivia. A fase de separação começava muito cedo, normalmente quando o menino tinha apenas cerca de 7 anos. Ele era treinado na arte da guerra e vivia em condições esparsas e severas (por isso usamos a palavra *espartano* como sinônimo de severo, duro, desprovido de luxo). Durante anos ele aprendia a ter disciplina e resistências física e mental.

Quando o jovem chegava aos 18 anos, recebia apenas uma faca e era enviado a um ambiente inóspito para sobreviver por sua própria força e inteligência. Aqueles que sobreviviam até os 20 anos eram recebidos de volta e incorporados às fileiras do exército espartano, onde eles serviam até os 30 anos. O rito de passagem espartano preparava um jovem para aquilo que era mais valorizado pela cultura daquele povo: a vida de guerreiro.

Como os jovens massais se tornam homens

Alguns desses ritos de passagem perduram até hoje; apresentam características semelhantes, porém estão mais diretamente ligados a contribuir com a sociedade como um todo. Jerry Moritz, um capelão aposentado da Marinha americana, passa muitos verões pregando para tribo massai na África e relata o rito de passagem deles.[1] Os massais são um povo pastoril seminômade cujo território abrange o sul do Quênia e parte da Tanzânia. Toda a cultura é centrada no gado, sua fonte de comida e medida de riqueza. Eles cercam as aldeias com grandes barreiras de arbustos de acácia, com espinhos bem compridos, de maneira que nenhum leão, leopardo, hiena, ou mesmo, elefante consiga penetrar. À noite conduzem seus rebanhos para dentro da área cercada para protegê-los de predadores. Como os animais precisam de espaço para andar, durante o dia são guiados savana afora. Lá o inimigo principal é o leão. Então, por razões óbvias, o rito de passagem massai acaba girando em torno da caça ao leão.

Quando os meninos massais chegam aos 14 ou 15 anos, são levados para dentro do mato pelos *morans* – guerreiros de um específico grupo familiar. Os *morans* formam um círculo ao redor de um leão, o garoto recebe um escudo e uma lança, é jogado para dentro do círculo e enfrenta o leão. Estas iniciações requerem rapidez e agilidade. São garotos contra um astuto predador mais forte e rápido do que eles. Além disso, o leão se sente aprisionado no círculo formado pelos guerreiros e fica ainda mais perigoso. O garoto precisa matar o leão antes que a fera o mate. Quando a iniciação é feita com um grupo de meninos, de acordo com a tradição, o primeiro a atirar sua lança e ferir o leão leva o crédito pela morte do animal. Se o leão consegue se desvencilhar e ataca o participante, os guerreiros inteveem para defendê-lo e matam o leão, mas o menino não passa no rito.

Quando o jovem consegue matar o leão, é considerado apto pelo rito de passagem e se torna um *moran*. Mas não é tudo. Antes ele precisa se separar do resto do grupo por certo tempo; fica no mato de 6 a 8 anos e vive longe da aldeia. Às vezes, o garoto se une a outros novos *morans* que também conseguiram passar pela prova do leão. Eles podem, havendo necessidade, matar um cabrito ou uma vaca para comer, embora alguns deles possam pertencer a outro grupo massai. Durante esse período, um novo *moran* também procura a esposa. Ele pode ir a alguma aldeia massai, entrar em qualquer cabana e fincar sua lança no chão da cabana; a mulher daquela cabana, de acordo com a tradição, se torna sua esposa. Depois de terminado o período no mato, o novo *moran* volta para sua aldeia de origem e é considerado adulto pelos massais. O rito de passagem massai prepara os jovens no desenvolvimento de habilidades e coragem necessárias para se tornarem defensores de seu povo.

O significado do bar mitzvah

Outro rito de passagem, talvez mais familiar aos leitores, é o bar mitzvah, que significa "filho do mandamento". A variante para meninas é o bat mitzvah, pois *bat* quer dizer "filha". A tradição judaica diz que até a idade em que o rito acontece, os filhos se encontram debaixo da autoridade de seus pais, e não são diretamente responsabilizados perante Deus por guardarem ou não Seus mandamentos. No entanto, ao passarem pelo bar ou bat mitzvah, os jovens começam, então, a responder diretamente a Deus por sua responsabilidade no tocante ao cumprimento dos mandamentos da lei.

Tecnicamente, o termo se refere à criança atingindo a maioridade espiritual – 13 anos para os meninos e 12 para as meninas – e não ao ritual em si. No entanto, é muito comum ouvirmos que alguém está "fazendo um bar mitzvah" ou foi "convidado a um bar mitzvah". Na realidade, não há mesmo ritual algum. Um menino ou menina se torna automaticamente um bar ou bat mitzvah apenas por alcançar a idade apropriada. O bar mitzvah não é mencionado no Talmud e é uma cerimônia relativamente nova. As recepções ou festas desse acontecimento, tão comuns hoje, eram desconhecidas acerca de um século atrás.

Há um significado religioso especial em ser um bar ou bat mitzvah. De acordo com a lei judaica, as crianças não são obrigadas a obedecer aos mandamentos, embora sejam encorajadas a fazê-lo o máximo possível para aprenderem sobre as obrigações dos adultos. Entretanto, uma vez atingida a idade, as crianças precisam guardar os mandamentos. A cerimônia do bar mitzvah marca pública e formalmente o compromisso com tais obrigações, junto com o correspondente direito de conduzir cultos, de ser contado num *minyan* (o número mínimo de pessoas necessárias para a execução de certas cerimônias religiosas), tomar parte em contratos vinculativos, testemunhar em cortes religiosas e casar.

Em sua forma mais básica e original, o bar mitzvah é o primeiro *aliyah* do celebrante, isto é, a leitura da Torá em hebraico ou a citação de uma bênção ao longo da leitura durante os cultos, fatos considerados uma honra. Hoje em dia, é mais comum o celebrante fazer mais do que apenas citar a bênção; ele aprende toda a parte da *haftarah* (a leitura dos profetas), incluindo o canto tradicional. Em algumas congregações, o celebrante lê toda a porção semanal da Torá, conduz parte do culto ou a congregação em algumas orações importantes. Geralmente faz um discurso começando com a frase: "Hoje eu sou um homem". O pai, seguindo a tradição, lê uma oração. Hoje em dia, o culto é seguido por uma celebração que muitas vezes é tão sofisticada quanto uma festa de casamento.

Para o bat mitzvah, em algumas observâncias judaicas, as meninas têm essencialmente a mesma cerimônia que os meninos. No entanto, em alas mais conservadoras do judaísmo, as mulheres ainda não têm permissão para participarem do culto, então o bat mitzvah, quando celebrado, não passa de uma modesta festa. O bar mitzvah ou bat mitzvah prepara os jovens para serem membros plenos de uma família e de uma congregação judaica, respondendo por seus atos tanto à família quanto a Deus.

Dando a bênção

A bênção no Antigo Testamento

Do judaísmo também tiramos a ideia de enviar nossos jovens ao mundo com uma bênção de Deus, de um sacerdote, de um patriarca ou do próprio pai. A bênção bíblica tem muitas formas, mas a intenção principal em abençoar é separar alguém ou algo para um propósito especial e santo; também pode ter a característica de louvar ou glorificar, assim como de guardar e proteger.

Podemos encontrar um exemplo antigo de bênção em Gênesis 14:18-19, em que Melquisedeque abençoa Abrão (que viria a se tornar Abraão): "Então Melquisedeque, rei de Salém e sacerdote do Deus Altíssimo, trouxe pão e vinho e abençoou Abrão, dizendo: 'Bendito seja Abrão pelo Deus Altíssimo, Criador dos céus e da terra'." Aquela foi uma forma de clamar pelo favor de Deus sobre Abrão e de reconhecer a provisão de Deus no passado (vitória na batalha) e no futuro (a aliança de Deus com Abraão).

Outra bênção é encontrada em Gênesis 48, quando Jacó está prestes a morrer. Toda a família está reunida e ele fica sabendo que seu filho há muito perdido, José, tem um chamado especial de Deus. Por causa da promessa que Deus havia feito a Jacó através de seu avô e pai, Abraão e Isaque, ele está determinado a passar esta bênção não somente para seus próprios filhos, mas também para os filhos de José, nascidos quando ele estava no Egito: Efraim e Manassés.

> "[Jacó] abençoou a José, e disse: O Deus, em cuja presença andaram os meus pais Abraão e Isaque, o Deus que me sustentou, desde que eu nasci até este dia; o anjo que me livrou de todo o mal, abençoe estes rapazes, e seja chamado neles o meu nome, e o nome de meus pais Abraão e Isaque, e multipliquem-se como peixes, em multidão, no meio da terra" (Gn. 48:15-16, ACRF).

A menção de Abraão e Isaque não liga, apenas, a fé de Jacó aos seus antepassados, como também ajuda a ligar a fé dos antigos patriarcas de Gênesis – aqueles que andavam com Deus – à de Abraão, Isaque e Jacó. Ela recupera as bênçãos passadas e se torna uma continuação dessas bênçãos para as futuras gerações. É uma confirmação e uma promessa da fidelidade de Deus.

Outra bênção para as futuras gerações pode ser encontrada na famosa bênção de Moisés em Deuteronômio 33:1-29. Nesse trecho, o patriarca declara bênçãos sobre as tribos de Israel, lembrando-as que a provisão e o amor de Deus os haviam abençoado.

A bênção de Jesus

Talvez a mais importante bênção da Bíblia esteja nas passagens do batismo de Jesus nos três primeiros Evangelhos (Mt. 3:13-

17; Mc. 1:9-11; Lc. 3:21-22). João Batista já vinha preparando o caminho para o Messias, batizando as pessoas com água, mas prometia que outro, maior que ele, chegaria logo. Um dia o próprio Jesus foi até João e disse que convinha que Ele fosse batizado "para cumprir toda a justiça". Após sair da água, Jesus viu os céus se abrirem e o Espírito de Deus, na forma de uma pomba, descer sobre Ele. E a voz de Deus dos céus disse: "Este é o meu Filho amado, em quem me agrado" (Mt. 3:17).

Essa afirmação vinda de Deus foi Sua bênção sobre Seu Filho, o Messias prometido. Deus dizendo de forma clara a Seu Filho, que Ele estava sendo enviado a Sua missão com o louvor e a bênção de Seu Pai, foi o marco inicial do ministério público de Jesus.

De maneira muito interessante, a primeira experiência registrada de Jesus, após ter sido enviado à Sua missão com a bênção de Seu Pai, foi a tentação no deserto. Aquele local estava associado não somente à ação do diabo, mas também ao fato de ter sido o lugar onde Israel enfrentou sua maior provação.

Os benefícios de abençoar seu filho

A bênção que conclui um rito de passagem dá segurança e conforto a seus filhos ao se prepararem para a vida adulta. Você é o advogado deles. Eles têm o seu apoio e tudo o que o acompanha. Muitos homens carecem de confiança porque nunca tiveram o apoio de seus pais. Há algo especial no reconhecimento público de um pai por seu filho.

A bênção sobre uma filha é igualmente importante. Muitas garotas se perdem pelo caminho da vida porque seus relacionamentos com os pais foram deficientes. Ver seu pai como um homem que leva uma vida de integridade faz com que a filha queira fazer o mesmo. O pai grava em sua mente um exemplo do que é ser um homem e, assim esperamos, um homem de Deus. Isto também faz com que um pai queira muito mais viver uma vida com Cristo.

Ao dar a bênção a seu filho e filha, o pai define a eles um ponto de partida em suas vidas, podendo ajudá-los a evitarem erros que muitos jovens adultos cometem. Paradoxalmente, a maturidade de um filho é provada por meio da quebra do relacionamento com o pai.

Dar aos seus filhos uma bênção formal é parecido com a oportunidade em que Israel abençoou seus filhos, chamando cada um deles e lhes dando uma bênção específica que reconhece a chegada à vida adulta e lhes transmite apoio. Haverá outras situações para expressar seu amor, mas este dia representa um momento especial de compromisso de seus filhos. (Para achar instruções mais específicas a respeito da oração da bênção, leia o fim do cap. 2.)

O que incluir no rito de passagem de seus filhos

Da experiência de Jesus no deserto, podemos aprender algumas lições importantes para incluir, literal ou figurativamente, nos ritos que viermos a usar com nossos filhos. No caso de Jesus, Seu tempo no deserto foi uma separação literal da civilização. O deserto da Judeia é uma terra estéril; não é um deserto arenoso como o que você vê em filmes; pelo contrário, é uma terra árida de rochas e pedregulhos, declives acentuados e cavernas espantosas: sem água, sem vida vegetal – nada. Mas Jesus não estava totalmente sozinho. Ele tinha comunhão com Seu Pai e com o Espírito e tinha a Palavra de Deus em Seu coração.

Separação

Então, aqui vai a primeira lição: a fase de *separação* precisa ter um aspecto espiritual; não precisa ser literalmente num lugar inóspito – serve qualquer situação que represente uma ruptura com o dia a dia normal do jovem. O mais importante é que a separação foque no ser espiritual de seu filho. Não é para ser uma aventura radical no deserto por si só.

Agora, a segunda lição: qualquer rito de passagem precisa estar baseado na Palavra de Deus, que deve ser amplamente usada ao longo do processo. Jesus foi tentado repetidas vezes; em todas elas, usou a Palavra de Deus como resposta.

Transição

O tempo em que Jesus ficou no deserto foi um período de *transição*. Ele estava se afastando de Sua vida de jovem carpinteiro judeu e indo em direção ao ministério que Seu Pai havia preparado para Ele. Jesus sabia que Sua missão final era sofrer e morrer pelos nossos pecados. Sendo como Deus, ainda que humano, foi passível de ser tentado, tentação essa que Satanás havia preparado para Ele.

O diabo tentou Jesus três vezes para que se desviasse da cruz. Há várias interpretações acerca da razão pela qual Satanás testou Jesus com estas três provas específicas – transformar pedras em pães, da morte certa através de uma grande queda ser salvo e receber para si todos os reinos do mundo. De certa forma, as tentações experimentadas por Jesus são parecidas com as mencionadas em 1 João 2:16 (o desejo da carne, o desejo dos olhos e o orgulho da vida). John Wesley os define em seu comentário:

> O desejo da carne – o prazer dos sentidos externos, o sabor, o cheiro ou o toque. O desejo dos olhos – os prazeres da imaginação, dos quais principalmente os olhos são subservientes; aquela sensação interna com a qual nos deliciamos com tudo o que é grandioso, novo ou belo. O orgulho da vida – todo tipo de pompa em relação à vestimenta, habitação, mobília, apetrechos ou modo de viver que busca a honra vinda dos homens e gratifica o orgulho e a vaidade. Portanto, diretamente inclui o desejo de ser exaltado e, mais adiante, a cobiça. Todos esses desejos não proveem de Deus, mas do príncipe deste mundo.[2]

Estes são campos de batalha com os quais nossos filhos também se depararão. Precisamos prepará-los para a resposta certa. Por isso, qualquer rito de passagem precisa estar baseado na Palavra de Deus.

Por fim, dê ao seu rito de passagem uma característica própria do que você considera ser festivo, uma refeição em família em casa ou em algum bom restaurante, por exemplo. Depois de Satanás falhar em suas tentativas de causar uma interferência no ministério do Messias, ele partiu e os anjos então vieram ministrar a Jesus. Esta foi uma maneira de ser reincorporado ao mundo e também um momento de celebração.

Incorporação

Para o seu filho ou filha, este momento de celebração serve como uma consideração final para dizer aos jovens que eles agora são parte de uma sociedade maior. É uma maneira de recebê-los em comunhão. Isto é *incorporação*. Com sua filha ou filho sentado numa cadeira, todos os adultos participantes o cercam e oram por cada um. Em seguida, você encerra fazendo uma oração abençoando seu filho na frente de todos os que estiverem ali testemunhando. Esta oração deve acontecer no fim da cerimônia de passagem. Este é o clímax, as últimas palavras que seu filho ouvirá antes da conclusão do rito de passagem.

Tal cerimônia não deve ser frívola, sem significado. Quando direcionamos nossos filhos em seus ritos de passagem e lhes conferimos a bênção, nós os ajudamos a se livrarem da aridez típica do mundo contemporâneo. Vivemos numa sociedade que tem suas próprias ideias do que significa atingir a maioridade. Basicamente, o mundo diz aos jovens que eles cumpriram este processo de transição à vida adulta quando eles deixam a casa dos pais e vão servir nas forças armadas ou entram para a faculdade. Numa versão mais perversa, o mundo diz aos nossos jovens que eles passaram por seus ritos de passagem ao beber sua primeira cerveja, fumar seu primeiro cigarro, ter sua primeira relação sexual, fazer sua primeira tatuagem ou diversas outras maneiras de demonstrar rebeldia contra os pais e/ou contra Deus.

Não raro, não costuma haver nenhum rito ou celebração de chegada à vida adulta. *Muito comumente, nossos jovens chegam à vida adulta à deriva, sem nenhum senso de incumbência ou bênção de sua sociedade ou familiares.*

Acredito que, como pais cristãos, temos a responsabilidade de deixar claro para os nossos filhos quando é chegado o momento de seu rito de passagem. Assim como costuma acontecer em outras culturas, acredito que nosso rito de passagem tem de ser algo deliberado – um evento que o filho saiba que vai acontecer em um determinado momento de sua vida. Não é para ser uma surpresa, embora os elementos da cerimônia possam ser mantidos em segredo até lá.

A celebração

O rito é encerrado com uma celebração. Celebre-o com uma farta refeição cheia de boa conversa entre os adultos. Deixe seu filho ouvir e convide-o a participar. Agora ele é um dos adultos, aos seus olhos e aos olhos dele mesmo. Você o estará enviando ao mundo com uma bênção explícita que o liga à herança familiar, à confiança em Deus e em Sua provisão. Aproveitem a comida e divirtam-se. Deixe seu filho perceber que, como pais, vocês estão muito satisfeitos com ele.

Os espartanos preparavam seus meninos para serem guerreiros – ou morrerem tentando. Os massais preparavam seus jovens para serem homens e protegerem suas famílias, rebanhos e estilo de vida. O momento certo para os judeus é quando as crianças são consideradas responsáveis diante de Deus e de Seus mandamentos para que, por consequência, passem a ter os direitos e deveres da vida adulta. De maneira muito significativa, o bar ou bat mitzvah recebe a bênção e sente como se o próprio pai tivesse requerido a Deus seu bem-estar e proteção para que entre no mundo adulto.

A bênção pessoal pode ser muito poderosa. É como Brian Molitor, autor de *Boy's Passage, Man's Journey*, escreve:

> Num sentido mais profundo, abençoamos alguém quando proferimos palavras de encorajamento e afirmação à pessoa. Saber que nossas palavras podem ser usadas para preparar nossos filhos e filhas a propósitos santos é algo verdadeiramente fantástico. Uma palavra bem escolhida vinda de um pai na hora certa é capaz de encorajar, esclarecer, fortalecer e guardar um filho ou filha dos percalços da vida que inevitavelmente acontecerão.[3]

Dois

DESENVOLVENDO A IDEIA

Os meninos de Esparta, os massais e as cerimônias de bar e bat mitzvah me serviram de úteis exemplos de ritos de passagem. Partindo desses exemplos culturais e de outros materiais que li, comecei a desenvolver um rito de passagem para meus próprios filhos que começaria com a *separação*, incluiria um período de *transição* e se encerraria com a *incorporação*. Por último, mas não menos importante, eu queria que o rito terminasse com um senso de missão espiritual, uma bênção vinda do pai com ênfase cristã.

Por meio de tais ritos, seus filhos, assim como os meus, serão capazes de sentir que pertencem a algo maior que eles mesmos. É uma necessidade que todos os filhos têm. O rito de passagem os prepara para se reconhecerem como homens e mulheres com um propósito e uma missão.

No meu caso, percebi que meus meninos precisavam se separar de mim simbolicamente por um tempo e de que precisaria haver certo tipo de aventura durante tal período – mas sem os perigos de uma lança espartana ou das garras de um leão. Eles precisariam de um processo de transição, uma sensação de que estariam se movendo de uma posição para outra e precisaria haver algum aprendizado ao longo do caminho – assim como os meninos espartanos e massais adquiriam habilidades que os ajudariam a sobreviver não apenas ao rito, mas aos desafios futuros de suas vidas dentro de suas culturas. O rito precisaria terminar com uma cerimônia de incorporação, em que eles seriam recebidos de volta e introduzidos a uma família "maior" que incluiria não somente seus pais e irmãos, mas também um grupo de pessoas que seriam seus mentores e amigos com quem pudessem compartilhar suas responsabilidades, não por um tempo, mas por toda a vida.

Escolhendo os participantes

Eu queria determinar uma data e hora específica na qual eu reconheceria meus meninos como homens. Queria fazer o mesmo em relação às minhas meninas, ao reconhecê-las como mulheres aos meus olhos. E não era para ser algo feito de última hora, no impulso do momento ou por acaso. Tinha de ser algo deliberado, com um plano específico.

Para os meninos, eu também queria reunir um grupo específico de homens de Deus que Buddy e Tommy já conhecessem e com os quais pudessem contar quando precisassem. Eu queria a participação daqueles que já haviam exercido significante influência sobre a vida de meus filhos, pessoas que lhes falavam espiritualmente – um pastor efetivo ou da mocidade, um mentor e/ou um amigo com quem eles pudessem compartilhar suas reponsabilidades. Teriam de ser homens com os quais eu pudesse contar no futuro quando meus filhos precisassem de aconselhamento. Esta última parte é importante: o inimigo está sempre tentando nos isolar, é a sua maneira de matar e destruir, nos fazendo ouvir apenas nossa própria voz em vez de procurarmos aconselhamento.

Em diversas passagens, a Palavra de Deus nos diz que há sabedoria em muitos conselheiros (Pv. 11:14). Deus pôs tais homens na vida de meus meninos para que fossem conselheiros e os ajudassem como o ferro afia o ferro (Pv. 27:17). A única exceção que já fiz em relação a este ponto foi com os avós, que falaram de forma específica sobre a família. (O que, a propósito, seria uma ótima oportunidade de testemunho para os avós ou para qualquer outro igualmente importante membro mais antigo da família – digamos, um patriarca ou matriarca. Ao incluirmos tais pessoas, o rito torna-se uma ótima chance para que eles se juntem ao processo de iniciação de nossos filhos na vida adulta.)

Estes homens, juntamente com Sheila e eu, aconselharam nossos filhos. De forma parecida, mulheres cuidadosamente escolhidas também aconselharam nossas filhas. Cada conselheiro precisava ser alguém com quem nossos filhos se sentissem à vontade para procurar em tempos de crise e assim recebessem aconselhamento sadio e espiritual. Resumindo, eu procurei quatro ou cinco pessoas que exercem influência na vida deles – influência de Cristo. O rito em si seria um chamado para que vivessem uma vida reta em obediência ao nosso Senhor e que os direcionasse no caminho certo para o futuro, uma bênção na frente de todos os participantes e o reconhecimento e encorajamento necessários para que eles vivessem em Cristo.

Meu objetivo era fazer isso com cada um de meus filhos ao completarem 16 anos. Com três deles eu consegui atingir meu objetivo. (Minha filha mais velha, Victoria, tinha 21 anos quando eu fiz seu rito de passagem.) Só para constar, não acredito que haja nada de especial em relação a esta idade. O filho pode ser mais velho ou mais novo. Na verdade, pode-se inclusive considerar diferentes ritos para diferentes estágios da vida.

Definindo os marcos

O livro destinado a famílias, *Spiritual Milestones,* recomenda vários pontos que você pode intencionalmente definir como um marco na vida de seu filho, baseado no desenvolvimento de sua vida. Por exemplo, além da apresentação do filho ainda bebê à igreja e do batismo, os autores sugerem um rito sugestivamente intitulado "preparando para a adolescência" por volta dos 11 anos de idade; votos de pureza por volta dos treze; um rito de passagem por volta dos quinze e a formatura da escola por volta dos dezoito.[1]

Entretanto, escolhi os 16 anos porque quando os jovens chegam a essa idade, enfrentam muitos dos maiores desafios de suas vidas. Sem falar que, para as garotas, os 16 anos já têm toda uma conotação de amadurecimento. É justamente a época das festas *Sweet Sixteen* e, em alguns casos, dos bailes de debutantes. Você é a pessoa que melhor conhece seus filhos; portanto, é quem deve julgar qual a melhor época para realizar a cerimônia. Como disse antes, estas dicas não são para serem seguidas como um procedimento padrão.

Listando os tópicos

Quando comecei a refinar a ideia, defini seis tópicos principais acerca dos quais eu desenvolveria as diferentes partes do rito de passagem. Assim sugiro:

- Fé
- Esperança
- Amor
- Pureza
- Integridade
- Família

Fé

Fé tem dois significados na Bíblia: o primeiro é o de confiança (Rm. 3:3). O segundo é o de fidelidade e confiabilidade. No Antigo Testamento o verbo "acreditar" aparece apenas trinta vezes, mas não pense que uma relativa falta da menção de tal palavra signifique que fé não seja importante no Antigo Testamento. Afinal, o Novo Testamento tira todos os seus exemplos de fé da vida das personagens do Antigo Testamento (por exemplo: Rm. 4:18; Hb. 11; Tg. 2:14) e, além disso, Paulo define sua doutrina de fé por meio da palavra de Habacuque 2:4: "O justo viverá pela fé". Os autores do Novo Testamento, principalmente o apóstolo Paulo e o autor de Hebreus, mostram que a fé manifestada pelos santos do Antigo Testamento, como mencionada antes em referência a Abraão, não era diferente da fé que esperamos ver nos cristãos de hoje em dia. Paulo deixa claro que o significado da fé é a confiança na pessoa de Jesus, na verdade de Seus ensinamentos e na obra redentora que Ele consumou na cruz. A fé é mais do que apenas um consentimento intelectual dos ensinamentos doutrinários do cristianismo.

> A fé genuína é nascida do conhecimento da vontade de Deus e existe apenas para cumprir Sua vontade. O objetivo da fé é a vontade de Deus. A fé não é um meio de se fazer a vontade do homem no céu; é o meio de se fazer a vontade de Deus na Terra. A fé não põe Deus à nossa disposição; ao contrário: nos põe à Sua disposição. É "somente para uso oficial" e é operacional apenas dentro da esfera de Sua vontade.[2]

Uma fé pessoal em Cristo era a coisa mais importante que eu tinha para passar aos meus filhos através do rito de passagem. Recomendo este foco. Ela é a pedra angular sobre a qual você deve construir todas as outras partes do rito. Uma fé pessoal significa viver radical e totalmente comprometido com Cristo como Senhor de sua vida.

Gostaria que cada um de meus filhos saísse do rito com o entendimento de que a fé não é algo facilmente vivido; há muitas oportunidades para se desviar e acontecimentos que geram dúvidas. Gostaria que eles entendessem que sem fé tudo seria muito mais difícil.

Esperança

A esperança é um presente do Espírito Santo que, juntamente com fé e amor, é uma característica essencial do cristão (1 Co. 13:8, 13). No Antigo Testamento, a palavra *esperança* é frequentemente usada no sentido de "crença" ou "confiança". O Novo Testamento fala de esperança desta maneira, assim como no sentido de expectativa e desejo; ela pressupõe a confiança de que

Deus será fiel à Sua Palavra (Rm. 15:13) e de que nossa esperança de glória está em Cristo e em Sua obra (Cl. 1:27; 1 Tm. 1:1).
A esperança está ligada à fé (Hb. 11:1) porque depende da ressurreição de Jesus (1 Co. 15:19). É preciso que nossos filhos entendam isto: a fé que é tão importante para a vida deles leva naturalmente a ter esta grande esperança de que Deus é fiel e será, através de Sua Palavra e aconselhamento, o guia certo para a jornada rumo à vida adulta e além.

Amor

A Bíblia diz que o amor é a própria natureza de Deus (1 Jo. 4:8, 16) e a maior das virtudes cristãs (1 Co. 13:13); é essencial para a relação com Deus e com o próximo (Mc. 12:28-31; Jo. 13:34-35). Quando os discípulos perguntaram a Jesus qual era o maior mandamento, Ele disse: "Ame o Senhor, o seu Deus de todo o seu coração, de toda a sua alma e de todo o seu entendimento. Este é o primeiro e maior mandamento" (Mt. 22:37-38).

Esta definitiva expressão do amor, amar a Deus com todo o seu ser, é para nós o que C.S. Lewis chamou de "Amor-necessidade", o amor que nos leva a clamar em desejo e necessidade de Deus. Como ele escreveu em *Os Quatro Amores*:

> Todo cristão deveria concordar que a saúde espiritual de um homem é exatamente proporcional a seu amor por Deus. Mas o amor humano por Deus, dado sua natureza, deve sempre ser ampla e, muitas vezes, totalmente um Amor-Necessidade. Isto fica óbvio quando pedimos perdão pelos nossos pecados ou por ajuda em nossas tribulações. Entretanto, a longo prazo o amor se torna talvez ainda mais perceptível em nossa crescente – pois deveria ser crescente – consciência de que todo o nosso ser, por sua própria natureza, constituiu uma ampla necessidade; incompleto, em formação, vazio e ao mesmo tempo desordenado, clamando por Aquele que é capaz de desatar o que está

amarrado e atar o que se encontra solto e pendente... E Deus assim o faz. Ele se dirige ao nosso Amor-Necessidade: "Vinde a mim, todos os que estais cansados e oprimidos".[3]

Este é o cumprimento da lei (Rm. 13:8-10). O amor mostra sua suprema expressão por intermédio do sacrifício de Cristo no Calvário (1 Jo. 4:10). Obviamente, o amor tem vários significados que não conseguem ser totalmente traduzidos para nossa língua: há o *storge*, a afeição natural entre pais e filhos; *philia*, o amor fraternal entre amigos; *eros*, o aspecto físico do amor, particularmente sexual; e ágape, o amor do autossacrifício e da autoentrega exemplificado por Cristo e Sua morte sacrificial por nós, mas também encorajado em todos os cristãos no tocante a amigos e inimigos.

Como pais, devemos desejar que nossos filhos entendam não apenas o que significa amar um ao outro, mas também entender o que isso significa biblicamente, não a partir do que a cultura popular de Hollywood lhes diz. Queria que meus filhos conhecessem o amor da família, dos amigos, o amor físico com outra pessoa, aprovado dentro do casamento, porém o mais importante, o amor sacrificial que somos ordenados a refletir. Também queria que eles entendessem o amor como a mais importante virtude no sentido de desejar a Deus, conhecer nossa total incapacidade e necessidade diante de Cristo e Sua amável bondade ao ser o objeto de toda a nossa fé e esperança.

COMPANHEIROS na PASSAGEM

MEU MARIDO, NOSSOS FILHOS e, agora, nossos netos são os presentes mais especiais que Deus já me deu.

Minha oração é para que eu seja sempre uma boa mãe e esposa. Sempre oro por meus filhos. Já orei pela salvação deles, para que suas experiências com o Senhor se tornassem mais fortes a cada dia e para que amadurecessem e fossem homens (pais) e mulheres (mães) de Deus, como Ele mesmo os criou para ser.

Acho que os fazer passar por esses ritos foi mais um passo importante em sua caminhada de fé em Cristo. Isso mostra a eles que não estão sozinhos, não importa para onde a vida os leve ou o que lhes ofereça. Há pessoas que os ajudarão nos bons e nos maus momentos da vida.

Eles podem não ter entendido tudo o que aconteceu naqueles dias especiais, mas eu sei que à medida que sua fé e suas famílias crescerem, seus ritos de passagem vão passar a fazer cada vez mais sentido e a serem mais especiais para eles. Oro para que quando seus filhos chegarem à idade do rito de passagem, seja ainda mais especial para eles por estarem experimentando encaminhar seus próprios filhos para o mundo como homens e mulheres de Deus.

Uma das coisas mais difíceis de serem ditas é: "Tá bom, Deus. Eles são Seus" e se afastar. No entanto, a verdade é que eles sempre pertenceram a Deus. Nossa função é ensiná-los e guiá-los em Sua verdade. A função deles é obedecer. Isto é algo que, ao longo de suas jornadas, os ajuda a terem um bom e consistente início ao descobrir quem são em Cristo, o quanto nós os amamos e que há outros que estão sempre dispostos a ajudá-los no que for preciso.

Sheila McBride

Pureza

A pureza é mais do que abstinência sexual até o casamento, envolve todo um estilo de vida e hábito de pensamento. Precisamos ajudar nossos filhos a terem compromisso com a pureza durante os anos da adolescência para que eles estejam preparados para as tentações que virão tanto durante esse período quanto por toda a vida adulta.

Não há dúvida sobre onde Deus está nesse assunto. O apóstolo Paulo escreveu: "Não se deixem enganar: nem imorais, nem idólatras, nem adúlteros, nem homossexuais passivos ou ativos, nem ladrões, nem avarentos, nem alcoólatras, nem caluniadores, nem trapaceiros herdarão o Reino de Deus" (1 Co. 6:9-10). E ainda acrescentou: "O corpo, porém, não é para a imoralidade, mas para o Senhor, e o Senhor para o corpo. Fujam da imoralidade sexual. Todos os outros pecados que alguém comete, fora do corpo os comete; mas quem peca sexualmente, peca contra o seu próprio corpo" (1 Co. 6:13, 18). O Novo Testamento possui muitas outras admoestações contra a imoralidade sexual (Gl. 5:19-21; 1 Ts. 4:3-5; Ef. 5:1-3, 5). E no nosso mundo obcecado por sexo, é preciso mais do que os nossos maiores esforços para que mantenhamos a pureza sexual. É preciso a obra redentora e santificadora de Deus em nossas vidas.

Lembre-se, a pureza sexual de seu filho ou filha está relacionada a mais do que simplesmente o comportamento sexual. O que eles permitem em suas mentes, os pensamentos que lá habitam, as imagens às quais são expostos e as palavras que escutam, tudo os influencia. A pureza sexual envolve o que leem, os filmes e programas que assistem, o tipo de música que ouvem, o tipo de conversa que ouvem e/ou participam. É como o apóstolo Paulo diz a todos os seguidores de Cristo: "Portanto, 'saiam do meio deles e separem-se', diz o Senhor. 'Não toquem em coisas impuras, e eu os receberei'" (2 Co. 6:17, retomando Is. 52:11). No entanto, a sociedade de hoje é obcecada pelo sexo e tornou-se cada vez mais tolerante em relação ao tema em todas as formas. Nós, seguidores de Cristo, por outro lado, somos chamados para sermos povo santo, termos uma vida que nos separe dos hábitos do mundo, mantendo-nos distantes do que é sujo.

O salmista diz: "Não porei coisa má diante dos meus olhos" (Sl. 101:3). Queria encontrar alguém que pudesse falar aos meus filhos sobre a pureza como um estilo de vida, um hábito mental, algo que agrada a Deus, não somente no sentido sexual, mas em como eles conduzem suas vidas dia após dia. A pureza tem a ver com ser puro nas palavras e nos atos, o que nos leva ao próximo tópico.

Integridade

A integridade é baseada na verdade, não apenas no sentido de que algo é de fato verdadeiro, mas também por ser reto e confiável. Quando Moisés (Ex. 18:21) se refere a "homens capazes, tementes a Deus, homens de verdade, que odeiem a avareza", ele está falando da integridade de caráter – um tipo de confiança e comportamento pessoal que implica no amor pela verdade, derivada do caráter de Deus (Hb. 6:18; 2 Tm. 2:13; Tt. 1:2). A integridade também tem a ver com ser íntegro e profundo, capaz de cumprir as funções para as quais se é designado, assim como "os engenheiros testificam a integridade de uma ponte". A integridade da ponte assegura que ela é forte e não vai cair. O mesmo tipo de integridade pode ser aplicado às pessoas por meio de: amor pela verdade, confiabilidade, ser um homem ou mulher de palavra, cumprindo a função que Deus quer que cumpramos – como uma ponte exerce a função que os engenheiros querem que ela exerça.

O pastor e escritor Warren Wiersbe descreve um homem ou mulher de integridade assim: "Uma pessoa com integridade não se divide (isto é duplicidade) nem simplesmente finge (isto é hipocrisia). Ele ou ela é 'íntegro'; as facetas da vida se combinam harmoniosamente. Pessoas com integridade não têm nada a esconder e nada a temer. Suas vidas são como livros abertos. Elas são inteiras".[4]

A integridade é algo que buscamos por toda a vida. Precisamos preparar nossos filhos para este caminho – um caminho de perseverança que afetará todas as áreas de suas vidas. Mesmo antes do rito de passagem, nós, como pais, podemos servir como modelo de caminho. Isso significa que precisamos mostrar integridade em cada área de nossas vidas. Não posso mostrar integridade como homem de negócios e chegar em casa e mentir para minha esposa e filhos. Não posso ser franco com minha família e depois mentir para meus amigos. O traço de caráter e hábito de pensamento, que me levaria a mostrar falta de integridade em algo, naturalmente acabaria manchando outras áreas da minha vida. Não posso ser um mentiroso no trabalho e esperar ser capaz de mentalmente apertar um botão e me tornar reto em casa ou na igreja.

Por esta razão, durante o rito eu quis fazer meus filhos entenderem que ser um homem ou mulher de integridade é uma função de tempo integral e que isso contaria muito para quando eles adentrassem a vida adulta. Embora vejamos muitas pessoas sem integridade que parecem se dar bem (Jr. 12:1), ser íntegro é uma recompensa pessoal e agrada a Deus.

Ao falar de integridade com seus filhos durante o rito, deixe claro para eles que a integridade perdida é difícil de reconquistar. É melhor que nunca a percam, a princípio. Mas para não perdê-la, eles precisam entender o que ela é e como guardá-la.

Família

Para o rito de passagem de meus filhos, eu desejava que eles soubessem a importância de ser parte de uma família. Família é onde somos criados, onde muitas vezes somos apresentados a uma vida com Deus e conduzidos na verdade de Sua Palavra. Nosso relacionamento com nossos pais e irmãos é diferente daquele que temos com amigos, colegas de escola ou de trabalho. Já ouvi uma descrição de família como "onde as pessoas sempre têm de nos aceitar". Você pode deixar de ser amigo de alguém, colegas de escola se formam e se separam e colegas de trabalho arrumam outros empregos, mas seu pai vai ser sempre seu pai, seu irmão vai ser sempre seu irmão.

A família também é uma ilustração do relacionamento entre Deus e Seu povo. No Antigo Testamento, o relacionamento entre Deus e Israel é visto através de termos que remetem à relação familiar, como "noiva" (Jr. 2:2), "filha" (Jr. 31:22), "filhos" (Jr. 3:14, ACF) ou "casar-se" (Os. 2:19). O Novo Testamento usa a imagem nupcial para descrever o relacionamento entre Cristo e a Igreja (2 Co. 11:2; Ef. 5:25-33; Ap. 19:7; 21:9) e a igreja é referida como a casa de Deus (Gl. 6:10; Ef. 2:19; 3:15; 1 Pe. 4:17).

Muitos dos problemas do nosso mundo vêm da fragmentação da família. O divórcio fácil e os múltiplos casamentos fazem com que os filhos fiquem pulando de uma casa à outra e muitas vezes as disputas entre os pais deixam os filhos magoados e confusos. Sei que alguns dos leitores deste livro podem ter passado por um divórcio ou tenham, talvez, se casado novamente. Meu intuito não é julgá-los, porque eu compreendo que muitas vezes numa época em que há muitas separações não intencionais, um cônjuge pode se encontrar na condição de divorciado(a) sem que tenha tido a intenção de sê-lo. Também entendo que para alguns outros a antiga vida de casado era a que tinham antes de se chegarem a Cristo, e que agora querem acertar. Não importam as circunstâncias, se você está lendo este livro, entenda que minha mais importante mensagem aqui é a de que nunca é tarde demais. (Leia o último capítulo em que há uma bela história sobre este assunto.)

Quando chegar a hora do rito de passagem de seu filho, lembre-se de que a representação da família deve ser feita por alguém próximo: um avô ou avó, pai ou mãe, tio ou tia ou, até mesmo, uma irmã ou irmão mais velho. No nosso caso, eu sabia que meu pai seria a pessoa certa para a tarefa. Queria que meus filhos entendessem o significado de ser um McBride, conhecessem a história da família e a importância de serem elos dentro da sucessão familiar e, seja isso bom ou ruim, eu queria que eles soubessem que são elos fortes e que irão dar continuidade à família McBride.

Preparação final

Este rito deve acontecer num lugar especial, uma localidade única. Para nossos filhos, houve várias paradas, ou "etapas", em que encontravam um mentor adulto diferente que abordaria um dos tópicos escolhidos. Para os meninos, eu quis incluir um pouco de aventura durante a fase de separação, então escolhi uma trilha

Desenvolvendo a Ideia

na mata. Para as meninas, escolhi fazer um roteiro no interior de nossa igreja, incluindo o altar, onde um dia elas poderiam vir a se casar e começar sua própria família. Eu queria fazê-los ganhar daquela experiência especial, por meio de cada uma das pessoas com quem conversassem, características espirituais para suas vidas, assim como um presente a cada etapa, que lhes lembrassem a importância daquele dia tão cheio de compromissos e desafios.

A cada etapa estariam aprendendo algo que os ajudaria na transição entre a adolescência e a vida adulta. Ambos os eventos tinham de terminar com uma boa refeição formal, que seria a fase de incorporação, em que eles seriam simbolicamente reintegrados à família, mas também recebidos em comunhão com mentores que os acompanhariam para o resto da vida.

Buscando homens especiais

Eu pensei em homens que sabia que poderiam falar com os meninos sobre cada um destes tópicos. Recomendo não contar muito ao seu filho sobre o evento antes da hora. Enquanto planejava e orava pelo primeiro rito, não falei nada para meu filho mais velho, Buddy. A única preparação que ele teve foi ser informado para se programar para o rito numa manhã de sábado que chegaria em breve.

Guardar segredo é importante: eu acho que todos nós nos sentimos especiais quando percebemos que alguém se esforçou para planejar e realizar algo assim para nós. Trazer os mentores fez parte de todo o planejamento. No fim, as crianças perceberam: "Ei, tem um bocado de gente que veio de muito longe para estar aqui agora comigo. Tem gente que precisou vir de avião e isso tudo não aconteceu só agora de manhã. Houve muito planejamento para que preparassem este evento para mim hoje". Isso torna o rito ainda mais especial.

Idealmente, os mentores que você escolher devem estar, ou ter estado, envolvidos na vida de seu filho de alguma maneira. Para Buddy, eu escolhi um treinador de futebol americano, um pastor da mocidade, um tio e um avô. Eu conversei com cada um dos participantes para ver se eles gostaram ou tinham algo para falar sobre algum dos tópicos escolhidos e pedi a eles que orassem por uma mensagem específica para meu filho. Para seus filhos, talvez um professor favorito, um irmão mais velho ou um líder de estudo bíblico dariam bons mentores. O mais importante é o relacionamento que o mentor já tem com o filho e a possibilidade desta pessoa ser capaz, ou pelo menos desejar ser capaz, de ser um bom conselheiro para o seu filho no futuro.

Buscando presentes únicos

Com um tópico designado a cada homem, procuramos por presentes para cada um dos assuntos. Os presentes deveriam ser lembranças da fidelidade e da ajuda de Deus. Eles acabam virando uma forma de Ebenézer – pedras simbólicas, de vários tipos, objetos aos quais eles se apegariam, estimariam e que os fariam se lembrar daquele dia. Em 1 Samuel 7:12, Samuel pôs uma pedra grande entre Mizpá e Sem, onde Deus havia dado ao Seu povo vitória sobre os filisteus – um lugar onde, por duas vezes anteriormente, os israelitas haviam sido derrotados pelo mesmo inimigo. Aquela pedra serviu como um marco e uma lembrança permanente da ajuda de Deus. Samuel a chamou de Ebenézer, que quer dizer "pedra de ajuda". Eu esperava que, ao longo de suas vidas, meus filhos pudessem sempre se lembrar daqueles presentes e de suas mensagens e refletissem como eles os ajudaram a se tornar adultos melhores.

Os presentes estavam diretamente ligados aos tópicos. Por exemplo: a pessoa responsável por falar sobre integridade lhe daria uma Bíblia. Falaria sobre como ser um homem de integridade e como é impossível ser um homem íntegro sem a Palavra de Deus. Para fé, havia uma placa com frases sobre o assunto. Para falar de família, meu pai deu um objeto que estava na família havia muitos anos, algo que pertencera a seu avô ou bisavô. O assunto pureza pedia por um anel da pureza. Assim como uma aliança simboliza a união do casamento entre um marido e sua esposa, um anel da pureza simboliza a condição de quem o usa como de não casado,

Desenvolvendo a Ideia 53

mas mantendo-se sexualmente puro para sua ou seu futuro(a) cônjuge. Pois bem, pense em presentes mais adequados, que sejam únicos para sua família ou para seu filho. Use a imaginação, converse com seu cônjuge e orem ao longo do planejamento do rito de passagem de seu filho. O mais importante é que o presente tenha um significado e seja apropriado para servir de lembrança, tanto do evento quanto da lição aprendida, por toda a vida.

Após o evento principal, planejei que todos nós fôssemos a algum lugar para comermos e termos um momento de comunhão, mas deveria ser também o momento em que meu filho receberia o presente final – dado por mim. Seria um resumo de tudo o que acontecera antes naquele dia e uma lembrança, como Ebenézer, para o resto de sua vida. Embora eu reforce a necessidade de flexibilidade ao planejar o rito de passagem de seu filho, realmente acredito que algum tipo de refeição ou outro momento de comunhão relaxante deva fazer parte do encerramento do processo. Primeiro, porque é gostoso. Segundo, porque acredito que este tipo de reunião promove uma oportunidade para todos aqueles que contribuíram para a execução do rito estarem juntos e compartilharem experiências, impressões e, como um corpo, celebrarem a ocasião e a missão em conjunto com o jovem homem ou mulher.

Eu planejei dar a cada um de meus meninos, durante a refeição, o presente final: uma espada para lembrá-los de que a única verdadeira arma para as inevitáveis batalhas espirituais que eles enfrentariam era a Espada do Espírito, que é a Palavra de Deus (Ef. 6:17). (Além do mais, não conheço muitos meninos que fariam objeção por ganharem uma espada de verdade!) Para as meninas, eu dei uma coroa, assim como uma nobre esposa é uma coroa para seu marido (Pv. 12:4). (A coroa daria significado à condição delas de minhas princesas especiais!)

Eu pensei também na bênção que lhes concederia. Seria uma oração original baseada em Salmos 1:1-3 e 37:3-4. Você verá qual foi o efeito que surtiu em nosso filho mais velho, Buddy, no próximo capítulo. Como parte da bênção, eu orei para que

Buddy tivesse prazer em agradar a Deus e à Sua Palavra e que crescesse como uma árvore plantada junto às águas e que tivesse uma vida frutífera.

O clássico *The Blessing*, de John Trent e Gary Smalley, traz muitos exemplos de bênçãos que você pode usar. É importante fazer uma oração genuína e sincera baseada nas Escrituras e no que você sentir no coração. Aproveitem a comida, conversem, depois tirem a mesa, agradeça a cada participante, deixe seu filho verbalizar o compromisso, dê o presente final, e então todos oram, individualmente, pelo jovem. No fim, você, como pai ou mãe, dá a bênção.

Para mim, só me restou fazer as preparações finais para o primeiro rito de passagem com meu filho mais velho, Buddy.

Três

O RITO DE PASSAGEM DE BUDDY

Meu filho Buddy tinha 16 anos e achei que aquele era o momento certo para ele. Separei um sábado e convidei os homens que havia escolhido para participarem e chequei os tópicos e os presentes. Depois, lhes dei uma explicação sobre a disposição do terreno e uma breve descrição de onde deveriam estar.

Naquela manhã eu coloquei cada um daqueles homens importantes para a vida de Buddy em suas respectivas localizações na mata que fica ao longo do caminho para Darton College, nossa faculdade local. Frente a eles, expliquei-lhes o propósito daquele dia – o que eu estava tentando realizar. Enfatizei que aquilo era antes de tudo um rito de passagem cristão e eles deveriam dar aconselhamento espiritual. Para aquele primeiro rito eu havia designado um tópico para cada homem, embora eu houvesse deixado ao encargo de cada um deles para, com Deus, buscar sabedoria e direção para suas conversas com meu filho. Também escolhi os presentes a serem dados em cada etapa, mas eu viria a mudá-los um pouco para os ritos futuros com meus outros filhos. Embora não houvesse determinado nenhum tipo de limite de tempo, cada homem acabou levando cerca de quinze a vinte minutos conversando com Buddy e orando com ele sobre o tópico em questão em cada etapa.

Eu havia dito a Buddy para se preparar para passar um sábado fazendo algo especial comigo. Até aquele ponto, ele ainda não tinha a menor ideia a respeito do que estava para acontecer. Uma das razões pela qual fiz assim foi a de querer ver sua expressão quando percebesse que todas aquelas pessoas haviam vindo de longe só para fazerem parte daquele evento especial em sua vida. Sei que algumas pessoas passam cerca de um ano já preparando tanto o rito quanto o filho, mas eu acho que se torna mais especial e significante quando de repente alguém percebe que outro gastou um tempo considerável planejando algo, cujo foco principal é a própria pessoa. Disse a Buddy: "Ei, quero dar uma volta com você neste sábado, então, não planeje nada. A gente vai ficar junto por um bom tempo. Vamos sair de casa lá pelas 8h45 da manhã". Eu tinha planejado começar o rito às 9h00.

Fomos de carro até chegarmos onde a trilha começava. Parei o carro e disse: "Vamos a pé por essa trilha por alguns minutos". Ele estava começando a ficar meio desconfiado. Já na trilha, bem onde ela dá mata adentro, eu parei e disse: "Hoje é o dia que eu separei para realizar o seu rito de passagem, fazendo sua transição para a vida adulta. Eu, como seu pai, passo a considerar você, meu filho, um homem aos meus olhos".

Disse-lhe que aquele era o dia em que o menino se sentaria para que o homem se levantasse. Aquele era para ser um dia especial para Buddy, um momento para eu e outras pessoas reconhecermos o que Deus estava fazendo em sua vida e para desafiá-lo ao futuro. Fiz uma oração curta e simples e pedi que ele seguisse adiante e, ao longo da trilha, ele encontraria e conversaria com outros homens.

Companheiros na PASSAGEM

EU REALMENTE NÃO SABIA o que pensar. Papai me explicou alguma coisa, mas estava tentando manter segredo e não disse muito a respeito de nada, o que eu não gostei na época. Não gosto de surpresas; gosto de saber de tudo o que está para acontecer.

Buddy McBride

"Eu separei um momento especial, uma cerimônia para marcar este momento da sua vida", expliquei. "Eu quero que você siga trilha adentro. Você encontrará homens que já conhece. Quero que os ouça e pense a respeito das coisas que cada um deles vai dizer sobre diferentes assuntos. Tudo que você precisa fazer é seguir a trilha e as instruções que eles lhe derem." Depois eu orei por ele e mandei-o seguir adiante.

Keith falando sobre pureza

Quando ele entrou no caminho da árvore, a primeira pessoa que encontrou foi o pastor da mocidade, Keith Harmon. Buddy conhecia Keith há anos e era membro ativo da mocidade da igreja. Eu conhecia e confiava em Keith e, o mais importante, sabia que Buddy conhecia e confiava nele. Pedi a Keith que falasse a ele sobre pureza, mas não apenas sobre a pureza sexual, e sim sobre pureza em cada área da vida de Buddy.

Keith conversou com Buddy tomando como ponto de partida 1 Coríntios 6:19. Lá diz: "Acaso não sabem que o corpo de vocês é santuário do Espírito Santo que habita em vocês, que lhes foi dado por Deus, e que vocês não são de si mesmos?" Vivemos numa cultura que nos diz que se acharmos que algo é bom, então deve ser certo. Nossa sociedade dá valor demais à autonomia, que pode ser uma coisa boa, mas não quando ela nos leva a pensar que podemos fazer qualquer coisa que quisermos desde que não machuque ou magoe alguém. Queria que Buddy entendesse que se temos o nome de Cristo em nós, não é por merecimento. Fomos comprados por um preço e devemos algo ao nosso novo "dono": cuidar de Sua "propriedade".

Companheiros na Passagem

Quando Jim me contou a respeito, na mesma hora fiquei empolgado por Jim e pelos meninos, mas fiquei ainda mais empolgado com o fato de fazer algo como aquilo – tão específico e intencional – de poder passar adiante alguns dos valores com os quais eu e minha família nos importamos e são fundamentais para os jovens que estão transitando da condição de menino para homem.

... Aquilo era algo que eu certamente podia passar para o Buddy porque já o haviam feito por mim.

Falei sobre como este corpo não é nosso. Como cristãos nossos corpos são o templo do Espírito Santo e eles foram comprados por um preço. Ser cristão é mais do que apenas palavras. Permanecer sexualmente puro vai além de ainda ser virgem quando se casa. É um estilo de vida. É o que você permite que seus olhos vejam; é o que permite que seus ouvidos ouçam; é o que faz ou não faz quando está namorando e, ao mesmo tempo, é muito mais do que só isso.

Keith Harmon

Que lição maravilhosa! Keith acertou em cheio todos os pontos que eu considerava serem importantes e uma lição como esta vinda de alguém que Buddy respeitava tinha um significado muito maior.

Depois de Keith ter falado a Buddy sobre pureza, ele lhe deu um anel da pureza que tinha Jó 31:1 gravado por dentro. Ele colocou o anel no dedo de Buddy e orou com ele antes de mandá-lo trilha adiante.

Jimmy falando sobre integridade

A pessoa que Buddy encontrou em seguida foi seu principal treinador de futebol americano, Jimmy Fields. Assim como Keith, eu conhecia Jimmy havia muito tempo; ele tinha treinado o time da escola da nossa igreja, a *Sherwood Christian Academy*. Era um bom treinador e era durão. Mas eu o respeitava e, por outro lado, o que era mais importante, Buddy o respeitava. Ele era a pessoa certa para falar a Buddy sobre integridade.

Jimmy vive com integridade, ele trabalha, joga e ora muito. Ele falou a Buddy o que significava ser um homem íntegro. Disse que não é possível ser um homem íntegro sem a Palavra de Deus e sobre a necessidade de ele trabalhar isso dia e noite. Como disse antes, integridade é o que sustenta todo o resto e, uma vez perdida, é difícil de ser recuperada.

COMPANHEIROS na PASSAGEM

NUNCA HAVIA OUVIDO FALAR de nada assim tão detalhado e estava obviamente intrigado; tinha interesse em qualquer tipo de discipulado, fosse com meninos ou com homens. Eu senti uma combinação de empolgação com medo – empolgado porque eu penso que se você é um treinador ou um pastor ou talvez só um cara que vende seguros, há um certo companheirismo entre os homens, como deve ser. Ao mesmo tempo, acho que havia um medo saudável. Não queria deixar a bola cair; queria que Deus falasse através de mim.

Disse a Buddy que o seu caráter é o que você faz quando ninguém está olhando. Disse a ele, também, que à medida que crescesse e ganhasse mais independência, existiriam mais oportunidades nas quais poderia parecer que ninguém estaria olhando, mas, obviamente, Deus está sempre olhando para os nossos corações. Com aquela independência recém-adquirida, ele teria mais responsabilidades por estar se transformando num adulto. Falei a Buddy sobre a integridade diária não poder ser algo tratado somente no rito de passagem; tinha de se tornar parte dele, colocando-a em prática, determinando certos limites e permitindo que o Espírito Santo de Deus, por meio de Sua Palavra, o ajudasse a determinar esses limites diariamente e isso não seria opcional.

Jimmy Fields

Novamente, uma incrível lição dada por alguém que Buddy respeitava. Ele também já havia testemunhado a lição na prática pela forma em que o treinador Fields levava sua vida e treinava o time de futebol americano da escola. Jimmy encerrou sua parte, orou com Buddy e deu-lhe uma Bíblia assinada por todos os participantes que naquele dia estavam na trilha com ele. Depois, Buddy seguiu adiante.

Andy falando sobre fé

Quem Buddy encontrou em seguida foi seu tio Andy Baker. Andy lhe falou sobre fé e o que significava ser um homem de fé.

Para os meus filhos, Andy é o "tio legal", fazem com ele o que normalmente não fazem com ninguém de casa. Mas Andy também é ótimo em passar ensinamentos adiante e era a pessoa perfeita para falar a Buddy sobre fé. Quando meus filhos, Buddy e Tommy, eram mais novos, Sheila e eu costumávamos mandá-los passar algumas férias de verão na casa do tio Andy, no Alabama. Em um daqueles verões, quando Buddy e Tommy pararam numa loja, tiveram uma chance inesperada de aprender uma lição para vida.

Como Andy lembra: "Paramos num posto de gasolina para bebermos algo. Na saída, notei que Buddy estava abrindo um doce. Sabendo que eu não havia pagado por aquilo, quando o caixa cobrou nossos refrigerantes, presumi que ele houvesse simplesmente apanhado o doce. Chocado, o repreendi dando-lhe uma boa bronca ali mesmo. Hoje, Buddy ri do acontecido e diz ter levado um susto, naquele dia, para o resto da vida. Acredito que isso seja verdade, pois duvido que em algum outro momento da vida ele tenha pegado algo sem pagar".

Tio Andy, mais tarde, teve a oportunidade de aprender uma lição valiosa sobre ser confiante demais, quando Buddy e Tommy foram passar um tempo com ele na Carolina do Norte. Foi uma situação muito perigosa e, assim como da primeira vez, foi Andy quem acabou aprendendo a lição mais importante. Como Andy lembra: "Eu sabia que os meninos eram bem curiosos e poderiam acabar encontrando a pistola calibre 38 guardada em minha gaveta por proteção. Ela era semiautomática e eu a guardava com o pente de balas dentro dela. Mostrei-lhes o procedimento correto de descarregar a arma para garantir que, uma vez descarregada, estávamos em segurança.

Depois de mostrar-lhes todo o procedimento, coloquei o pente de volta na arma, deixei o ferrolho deslizar e mirei a parede, pensando que a arma fosse fazer "click". Bem, ela não fez "click", fez "pá".

Lido com armas a vida toda, mas já cheguei a ter pesadelos só de pensar quanto eu confiei demais em mim mesmo. Se eu puxasse o gatilho, poderia ter acontecido muita coisa, poderia ter mirado o cachorro ou, Deus me livre, um dos meninos, o que teria sido terrível. Então, quando Jim me pediu para falar com Buddy, me perguntei sobre o que falaria com ele. Tinha pensado em algo como perdão ou encorajamento ou outro tópico qualquer.

"Eu levei para a trilha um doce e uma bala de pistola. Falamos sobre erros cometidos e como seguimos em frente e aprendemos com eles." (Para saber mais, veja "Companheiros na Passagem", escrito por Andy.)

Companheiros na Passagem

Pensei que era uma ótima ideia. Senti-me honrado de ter sido convidado a participar, embora tivesse feito uma piada chamando o evento de bar mitzvah.

[Meu objeto de lição sobre ter fé em nossas vidas incluiu] um doce e uma bala de pistola. Disse a Buddy: "Este doce representa um pequeno erro cometido por você. Esta bala representa um grande erro cometido por mim que poderia ter sido muito pior. A moral da história é seguirmos em frente. Cometemos erros, mas seguimos em frente. Nós perdoamos aos outros e a nós também, mas certamente aprendemos com os nossos erros e tentamos não repeti-los".

Andy Baker

Andy falou sobre como teve muita fé em si mesmo e em seu próprio entendimento da situação naquele momento. Por fim, em ambos os casos, sua fé em si mesmo tinha sido mal-aplicada. Aquela foi uma ótima oportunidade para dizer a Buddy que há apenas um lugar seguro onde pôr sua fé: em Deus e em Sua fidelidade. Porque Buddy viveu aquelas duas lições, acho que tudo fez sentido para ele de forma ainda mais impactante. Andy deu a Buddy um pôster chamado de "O escudo da fé", que tinha a forma de um escudo com versículos sobre fé. Na parte de trás havia um papel pardo no qual cada um dos homens envolvidos no rito havia escrito uma mensagem especial para Buddy.

Vovô McBride falando sobre a família

Andy orou com Buddy e mandou-o de volta à trilha. Na etapa seguinte, ele encontrou seu avô, James G. McBride Sr. Seu avô lhe falou sobre o significado de ser um McBride.

Vovô McBride lhe falou sobre sua herança familiar e contou histórias de homens de caráter que fizeram parte da família antes dele. Ele lhe deu um relógio de bolso que tinha pertencido a *seu* avô. Aquele relógio significava muito para meu pai e significou ainda mais para o Buddy quando ele o recebeu, passado de mão em mão, por gerações. Era um símbolo tangível dos homens que o haviam portado; ele o examinou e cuidou dele.

COMPANHEIROS na PASSAGEM

AGORA ACREDITO QUE é realmente importante para os filhos perceberem de onde a família vem e onde eles chegaram espiritualmente falando. Acho que muitas crianças sentem falta de saberem mais sobre suas famílias.

Vovô McBride

Depois de tantos anos, o relógio finalmente era dele para guardar, cuidar e, talvez, passar a seu próprio filho ou neto algum dia, da mesma forma em que ele carregaria e passaria adiante o nome McBride e tudo o mais que o tivesse acompanhado por gerações.

O encontro e o almoço

À medida que Buddy ia seguindo pela trilha, cada homem de cada uma das etapas pelas quais Buddy ia passando fazia o caminho inverso e me encontrava no início da trilha. Depois do vovô McBride ter terminado sua parte, ele orou com Buddy e o acompanhou para fora da trilha para fazer o caminho de volta até que ele se encontrasse com todos os participantes daquele dia especial.

Levamos algum tempo esperando até que todos estivessem reunidos para Buddy poder nos contar sobre a experiência. Depois pegamos nossas coisas e fomos para um restaurante local para almoçarmos. Não havia roteiro ou programação para o almoço – apenas conversa e comunhão. Buddy sentou-se à mesa com os ouvidos atentos, prestando atenção àqueles homens de diferentes gerações falando sobre assuntos cotidianos relacionados às suas vidas. Ele era como uma esponja, absorvendo aquilo tudo, ouvindo o que aqueles homens, pelos quais ele tinha grande respeito, tinham a dizer. Este é um sinal muito claro de que você escolheu as pessoas certas.

Assim que todos terminaram de comer, me levantei de um lado da mesa, ao lado de Buddy. (Estávamos numa área reservada do restaurante.) Agradeci a cada homem que tinha participado da jornada e fiz minhas considerações sobre cada um deles na frente de meu filho. Eu disse: "Keith, agradeço pelo guerreiro de oração que você tem sido por mim, pela maneira como tem sempre me dado aconselhamento sábio toda vez em que busco o Senhor a respeito de algo específico e por como tem sido um estímulo para mim. Sou agradecido por tudo isso. Quero pedir hoje que você se levante e olhe meu filho nos olhos e assuma um compromisso assim com ele, para que ele tenha em você este tipo de conselheiro de Deus, intercessor e encorajador".

Então, ele se levantou, olhou para Buddy nos olhos e assumiu o compromisso. Keith permaneceu em pé. Virei-me para o homem seguinte e fui um a um, reconhecendo o compromisso de cada um na frente de meu filho, agradecendo a eles, enfatizando a ajuda espiritual que eles me haviam dado ao longo da vida e pedindo a eles que assumissem o compromisso de serem para Buddy os mesmos encorajadores e conselheiros espirituais que eram para mim.

Depois de ter me dirigido a cada um, todos estavam em pé, exceto meu filho. Então, eu disse: "Buddy, há um momento na vida de todo jovem em que um menino se senta, mas um homem se levanta e este é o seu momento para tal. Aqui em pé, está um grupo de homens que são próximos, amam, se comprometeram a orar, encorajar e ser um caminho para quando você estiver buscando sabedoria de Deus. Hoje eu pergunto: você aceita se levantar como um homem, olhar para estes outros que aqui se encontram nos olhos e prometer que quando você passar por momentos difíceis na vida, em vez de sucumbir ao ataque do inimigo, irá buscar ao Senhor por aconselhamento espiritual e que aceitará o compromisso que eles estão assumindo de orar por você e se colocarem à sua disposição quando precisar de aconselhamento?"

Preparando Buddy para a batalha

Buddy se levantou e olhou-os nos olhos e aceitou o compromisso. Depois que todos se sentaram, falei sobre nossa família. Somos descendentes de escoceses. Falei sobre o filme *Coração Valente* e sobre a história de William Wallace, chamado de "Guardião da Escócia e líder de seus exércitos" devido à sua luta pela liberdade dos escoceses do déspota rei inglês Edward I, também chamado de Edward pernas-compridas por causa de sua grande estatura. Contei que tudo indicava que os ancestrais da família haviam lutado ao lado de William Wallace. Disse a Buddy que talvez ele nunca entre numa batalha física como a dos homens de *Coração Valente*, mas que ao longo de sua vida ele enfrentaria batalhas espirituais, e que a única arma eficiente para ele usar naquele tipo de batalha era a Palavra de Deus.

Então, apanhei debaixo da mesa uma espada do tipo da do William Wallace e a pus bem na frente dele. (É possível encontrar réplicas na Internet ou numa loja que venda este tipo de produto.) Era uma grande Claymore Escocesa para ambidestros (1m e 16cm de comprimento!), comumente utilizada na época de William Wallace. Nela estavam gravados a data e os nomes dos homens que participaram de seu rito de passagem.

Eu disse: "Buddy, esta é uma réplica da espada que William Wallace usava. Se você olhar, de um dos lados da lâmina, estão os nomes dos seis homens, incluindo a mim, aqui presentes neste evento". Eu a virei. "Do outro lado está o seu nome e a data de hoje, 12/05/2002, como uma lembrança do ocorrido aqui hoje.

Quero que a pendure na parede que fica junto à sua cama para que se lembre sempre, quando acordar e quando for dormir, da arma que você tem contra o inimigo – a Palavra de Deus. Quero que use o anel da pureza dado por Keith e leve uma vida de pureza diante do Senhor. Quero que levante o escudo da fé que seu tio Andy deu como um instrumento de defesa que vai protegê-lo dos dardos atirados pelo inimigo. Quero que tenha uma vida de integridade como a que o treinador Fields falou a respeito, usando, aprendendo e amando a Palavra de Deus. Quero, também, que seja um homem de caráter e integridade como tudo o que foi dito pelo seu avô."

Momento de oração

Depois de tudo isso, todos nós nos juntamos ao redor de Buddy e cada um orou por ele. Encerrei o ato dando-lhe a bênção como seu pai, usando os versículos do salmo 1 e salmo 37 junto com algumas palavras pessoais e afirmações acerca da graça de Deus em sua vida.

> Bem-aventurado o homem que não anda segundo o conselho dos ímpios, nem se detém no caminho dos pecadores, nem se assenta na roda dos escarnecedores. Antes tem o seu prazer na lei do Senhor, e na sua lei medita de dia e de noite. Pois será como a árvore plantada junto a ribeiros de águas, a qual dá o seu fruto no seu tempo; as suas folhas não cairão, e tudo quanto fizer prosperará (Salmos 1:1-3, ACF).

> Deleita-te também no Senhor, e te concederá os desejos do teu coração. Entrega o teu caminho ao Senhor; confia nele, e ele o fará. E ele fará sobressair a tua justiça como a luz, e o teu juízo como o meio-dia (Salmos 37:4-6, ACF).

Quando eu terminei, nos juntamos e tiramos fotos de Buddy com a espada, cercado por todos os homens e fotos individuais com cada um dos homens participantes daquele dia.

Com isso havia terminado o meu primeiro rito de passagem. Foi tão tocante e significativo para mim como sei que o foi para Buddy. E isso significava uma coisa: eu tinha de fazer o mesmo, ou melhor, para Tommy.

Quatro

A VEZ DE TOMMY

Quando chegou a hora de fazer o segundo rito de passagem dessa vez com meu outro filho, Tommy, já havia refinado um pouco mais a ideia e feito algumas mudanças. Escolhi uma pessoa a mais para falar e afinei as ideias que queria que cada homem falasse a respeito. A mudança principal foi que pedi a cada homem que falasse sobre o tópico que se sentisse movido a falar e escolhesse o presente apropriado para o tópico em questão. O único presente que eu disse que precisaria ser dado foi a Bíblia, assim como havia sido feito com Buddy, e também queria dar a ele uma espada parecida com a de Buddy.

No dia 13/05/2004, acordei Tommy e o convidei para sairmos e darmos uma volta. Novamente, havia posicionado homens em diferentes partes ao longo da trilha do Darton College. Por havermos feito com Buddy 2 anos antes, Tommy sabia que aquele era o dia do seu rito de passagem. Ele sabia que algo iria acontecer. Afinal, Buddy havia colocado sua enorme espada numa parede logo acima da cama, e embora Tommy não soubesse de todos os detalhes, tinha certa ideia de que alguma coisa estava para acontecer. Ele não tinha a menor ideia, no entanto, de quem eram as pessoas que estariam na mata prontas para encontrá-lo ou sobre o que falariam.

Ao começarmos nossa caminhada ao longo da trilha de Darton, eu disse a Tommy que aquele era o dia de seu rito de passagem, o dia em que passaria de menino para homem. Era um dia em que homens que ele conhecia haviam se juntado para ajudar a dar significado àquele momento de sua vida. Como havia feito com Buddy, lhe disse que aquele dia serviria para marcar sua chegada à vida adulta. Orei com ele e disse-lhe para seguir trilha adentro, onde outros o encontrariam ao longo do caminho.

COMPANHEIROS na PASSAGEM

PARA MIM O RITO DE PASSAGEM não foi um evento ou um presente de aniversário. Foi um chamado à responsabilidade. Acho que o motivo pelo qual muitos jovens hoje não estão realizando grandes feitos é porque não lhes têm sido dadas grandes responsabilidades.

A razão pela qual adotei os princípios do meu rito de passagem é o fato de meu pai ter me preparado para isso. Esta preparação não consistiu num resumo dos eventos do dia ou em uma explicação sobre a razão daquilo ser importante; foi ao ver meus pais viverem estes princípios em seu relacionamento um com o outro e em seu relacionamento com Cristo diariamente.

Tommy McBride

As palavras de Keith

A primeira pessoa a encontrá-lo, como havia sido com Buddy, foi Keith Harmon, seu antigo pastor da mocidade. Keith falou a Tommy sobre o que significava levar uma vida de pureza. Ele usou a passagem Jó 31:1: "Fiz acordo com os meus olhos de não olhar com cobiça para as moças". Ele lhe falou sobre ser puro em cada área de sua vida, não apenas sexualmente, embora ser sexualmente puro até o casamento seja o que Deus requer daqueles que O seguem. Mas Keith disse a Tommy que ele deveria buscar a pureza nos pensamentos, nas escolhas do lazer e da leitura, no que permitisse entrar em sua cabeça. Disse que a pureza não era um emprego de meio expediente; ele precisaria estar em guarda em tempo integral contra qualquer coisa que pudesse levar sua mente a se desviar. Ele deu a Tommy um anel da pureza com o versículo de Jó gravado por dentro.

COMPANHEIROS na PASSAGEM

ACHO QUE AMBOS OS MENINOS receberam tudo muito bem. Parte disso é que os dois eram ótimas pessoas. Não é que tivesse sido a primeira vez que eles ouviram sobre o que lhes falei; seus pais já haviam plantado valores em suas vidas desde muito cedo. Eu tinha um relacionamento com eles, não era um estranho que, por acaso, estava conversando com eles, mas sim alguém com quem já tinham um bom convívio. Nem todas as conversas com os jovens fluem tão bem, porque às vezes estou falando sobre algo diferente do que eles têm aprendido com seus estilos de vida, ou até mesmo porque eles seguem o exemplo de seus próprios pais. Às vezes estas conversas podem ser bem difíceis, mas com eles eu sei que não havia sido a primeira que eles haviam ouvido sobre aquilo. Deve ter sido a milésima.

Keith Harmon

Assim como Buddy, Tommy recebeu um anel da pureza feito de prata. Embora Keith o tivesse presenteado, como pai eu paguei pelo presente. Esses anéis custam cerca de cinquenta a setenta dólares. Muitas livrarias cristãs e alguns de seus *sites* têm esses produtos à venda. É um anel especial, uma lembrança que seu filho poderá usar até o dia do casamento, quando ele o trocará por uma aliança ao aceitar ser fiel à sua amada.

Keith orou por Tommy, para que seu coração e mente se mantivessem puros e depois disse-lhe para continuar a trilha.

O retorno do treinador Fields

A pessoa seguinte da trilha era seu treinador de futebol americano da *Sherwood Christian Academy*, Jimmy Fields. A experiência de Jimmy com Tommy era diferente da vivida com Buddy. Ele conhecia ambos muito bem e sabia que cada um deles tinha um temperamento diferente e uma maneira também distinta de interagir com os outros. Enquanto Buddy é quieto e reservado, Tommy é mais extrovertido. O treinador Fields sabia disso; por isso, é tão importante escolher homens que conheçam seus meninos, que os tenham ensinado ou treinado e estado com eles por algum tempo. Justamente por causa de tudo isso é que o treinador Fields era o homem certo para adaptar sua abordagem a cada um dos meninos, de maneira que se encaixasse em suas diferentes personalidades e temperamentos.

COMPANHEIROS na PASSAGEM

QUANDO CHEGOU A VEZ de Tommy, embora eu já tivesse participado do rito antes, ele me trouxe um novo significado. Eles são irmãos, mas são duas pessoas diferentes. Eu procurei ter sensibilidade, sabendo que Deus tem propósitos e planos bem específicos para cada menino, e não o mesmo propósito para os dois. Tive a sensibilidade de saber que os planos que Deus tinha para Buddy anos antes não eram necessariamente os mesmos que Ele tinha para Tommy. Os dois eram únicos e diferentes.

Jimmy Fields

Jimmy Fields deu a Tommy uma Bíblia assinada por cada homem que participara daquele dia. Assim como havia feito com Buddy, Jimmy lhe falou sobre o que significava sermos homem de integridade. Explicou-lhe que é impossível ser um homem de integridade sem a Palavra de Deus.

Não tinha sido a primeira vez que Jimmy enfatizara integridade a Tommy. "Algo que o treinador Fields sempre falou a respeito, algo que ele sempre disse a mim e a outros jogadores é para sermos homens de integridade", disse Tommy. "A integridade sempre foi o mais importante para ele". Então era natural que ele encontrasse o treinador na trilha. Ele orou com Tommy e disse-lhe para seguir trilha adiante.

Um presente de Andy e Radio

Agora era o momento de Tommy encontrar alguns membros da família. Logo encontrou seu tio Andy, que lhe falou sobre o significado de ser um homem de amor.

Eu havia contatado Andy dois meses antes da data e Andy imaginou como ele poderia explicar o amor vivido – o ágape, o amor sacrificial que encontramos na Bíblia. Andy decidiu visitar o campus do *T.L. Hannah High School* em Anderson, na Carolina do Sul, escola onde um homem carinhosamente conhecido como Radio trabalha e serve ao time de futebol americano. O filme *Radio* foi baseado em sua vida. É a história verídica de como o treinador Harold Jones mostrou ter um amor real e sacrificial por um homem com necessidades especiais, James "Radio" Kennedy, que adorava andar com o time de futebol americano da escola. Potencialmente sacrificando seu emprego, o treinador Jones ajudou e protegeu Radio.

Radio ganhou este apelido graças a um rádio velho que ele sempre carregava consigo. Por causa de sua deficiência, ele era objeto de escárnio dos jogadores e de muitas outras pessoas da escola. Por causa de um mal-entendido, a escola ameaçou banir Radio de onde ele mais amava: *Hannah High School* e seus jogos de futebol americano.

O compromisso do treinador Jones com Radio chegava ao ponto de estar disposto a abandonar o emprego que ele tanto amava, por amor a Radio, mas também por amor a um princípio – um princípio bíblico, ainda que o filme não fale sobre isso explicitamente. Durante o processo, ele demonstra não somente seu amor por Radio, mas o amor de Radio por aqueles que o tratavam mal. No filme, o treinador Jones se posiciona desta forma, dirigindo-se ao *booster club* da *Hannah High School*:

> Eu amo futebol americano. Amo tudo que tem a ver com isso. Adoro as noites de sexta quando buscamos uma vitória e as manhãs de sábado quando as conseguimos. Mas não é isso o importante neste momento. Temos entre nós um rapaz no qual não estamos pensando. O mesmo rapaz... que ganhou uma letra de futebol americano no outono passado, mas que nunca a usa porque não pode comprar uma jaqueta. Agora estamos pedindo que ele vá embora. Eu sei que alguns de vocês não sabem ou não se importam com tudo o que Radio aprendeu ao longo dos últimos meses. Mas, na verdade, não somos nós que estamos

ensinando a Radio, ele é quem nos tem ensinado. *Porque a maneira como ele nos trata o tempo todo é a maneira como gostaríamos de nos tratar uns aos outros ainda que por algum tempo*[1] (grifo do autor).

A última fala do treinador é uma perfeita retratação das palavras de Jesus depois de Ele ter dito qual era o maior mandamento: "E o segundo é semelhante a este: 'Ame o seu próximo como a si mesmo'" (Mt. 22:39). No fim, através do esforço daquele treinador, a cidade e a escola passaram a aceitar Radio e o fizeram parte deles. O amor daquele treinador por alguém considerado indigno de ser amado fez uma grande diferença na vida de todos.

COMPANHEIROS na PASSAGEM

EU FALEI A TOMMY sobre como este treinador de futebol americano tinha amado alguém que grande parte da sociedade considerava indigno de ser amado e como praticou o amor incondicional e mostrou a todos o seu significado.

Andy Baker

Durante a preparação do rito de passagem de Tommy, tio Andy foi até a *Hannah High School*, onde Radio ainda trabalha com o mesmo time. Eles tiraram uma foto juntos e Radio autografou uma bola de futebol americano. Andy fez uma placa com a foto e com a bola com as palavras: "O amor vence tudo". Andy falou a Tommy sobre o amor de Deus e sobre como Seu amor sempre vence.

Aquele presente foi significativo para Tommy, tanto como pessoa quanto como jogador de futebol. Andy orou com Tommy e mandou seguir trilha adiante.

Palavras de dois avôs

Quem encontrou Tommy em seguida foi Harry McKinney, seu avô adotivo; há muito tempo que ele tem se envolvido e exercido influência na vida de Tommy. Harry falou sobre o significado de ser um homem de fé. Assim como eu, vovô Harry é um ex-fuzileiro e ele compartilhou o legado de honra, coragem e compromisso típicos do serviço no corpo de fuzileiros.

COMPANHEIROS na PASSAGEM

JÁ QUE TOMMY VINHA de um histórico fortemente cristão, meus primeiros e mais importantes pensamentos eram sobre falar a respeito de algo relacionado à religião que fosse relevante à sua vida adulta e promovesse sua formação como pessoa tanto quanto qualquer outra coisa que estivesse fazendo em sua caminhada com Cristo.

Harry McKinney

Harry falou a Tommy, orou com ele e mandou-o de volta à trilha. Lá seu avô, James G. McBride Sr., estava esperando por ele. O avô de Tommy falou-lhe sobre sua herança familiar e sobre o significado de ser um McBride. Assim como havia feito com Buddy, deu a Tommy um presente que estava na família havia muito tempo e era de grande estima para ele. Falou sobre seu pai e o pai de seu pai e dos exemplos de caráter que haviam lhe dado e que ele tinha tentado imitar em sua própria vida.

Companheiros na PASSAGEM

Vovô McBride me deu umas moedas que pertenceram ao meu tatara-tio-avô Woody, e me deu mais uma porção de relíquias da família. Lembro-me de quando ele me deu aqueles presentes e falou sobre nossos antepassados, sobre meu tatara-tio-avô e depois de meu pai e tudo que havia feito por nossa família. Ele me disse o quanto meu pai sentia orgulho de mim. Lembro que ele começou a chorar, o que foi incrível porque eu nunca o havia visto tão emotivo daquele jeito. Apenas lembro-me de ele chorando, dizendo que me amava e de como se orgulhava de mim. Disse que se orgulhava da maneira como levava minha vida, de como era um cristão vivendo com integridade e o quanto isso significava para ele. Este é provavelmente o momento que mais me marcou.

Tommy McBride

Vovô McBride mandou-o para fora da mata onde todos os outros homens estavam juntos. De lá, seguimos para casa para almoçarmos. Na primeira vez, com Buddy, o almoço tinha sido num restaurante. Quando eu estava planejando a vez de Tommy, pensei que seria melhor fazer o almoço num lugar privado, calmo, onde não houvesse distração com o que as pessoas das outras mesas estivessem fazendo, garçons indo e vindo, tirando os pratos, coisa e tal. (Também era mais fácil de esconder uma espada de um 1m e 16cm em casa do que num restaurante!) A mãe de Tommy e algumas outras esposas dos homens envolvidos no rito prepararam o almoço e deixaram tudo pronto para quando chegássemos em casa.

Se escolher fazer o almoço em casa ou num restaurante, procure ter privacidade. Você não quer distrações durante a cerimônia; é uma ocasião íntima e pessoal. Se forem se encontrar num restaurante, vocês precisarão de uma área reservada. No caso do rito de Buddy, a área em questão era semi-reservada e, logo após o almoço, eu sabia que iria querer fazer o almoço do rito seguinte em casa. O lar faz com que nos sintamos mais centrados na família. Você pode ir a um restaurante numa área reservada, mas recomendo fazer o almoço em casa.

Assim como foi feito com Buddy, os homens compartilharam suas experiências à mesa, falando sobre suas vidas e sobre assuntos acerca do que estava acontecendo no mundo. No entanto, desta vez, o irmão de Tommy, Buddy, fez parte do almoço. Ele falou sobre o que aconteceu com ele no rito em si e do que havia acontecido em sua vida desde então. Tommy ouvia e absorvia todo o conhecimento e aconselhamento que recebia à mesa. Claramente, havia escolhido os mentores certos, um elemento crucial no planejamento do rito de passagem de seu filho.

COMPANHEIROS na PASSAGEM

DURANTE A MINHA VIDA todas aquelas pessoas estiveram me ensinando, meu pastor da mocidade me instruiu sobre assuntos da igreja e meu treinador de futebol americano me ensinou a jogar. No entanto, meus pais nunca disseram: "Eu te ensinei melhor", porque o testemunho de vida deles sempre foi o melhor. É por isso que a maior honra para mim depois de querer ser como meu Pai celestial é querer ser como meu pai.

Tommy McBride

Espadas unidas

Quando estávamos terminando de comer, depois de retirada a mesa, eu disse a Tommy, como havia feito com Buddy, sobre a probabilidade de nossos ancestrais escoceses terem lutado ao lado do guerreiro da liberdade, William Wallace. Eu o lembrei de que talvez nunca precise lutar numa batalha física, mas que enfrentaria batalhas espirituais ao longo da vida.

Pedi que seu irmão, Buddy, presenteasse Tommy com uma espada "à la William Wallace". Gravados em um dos lados da lâmina estavam o nome de Tommy e a data, 13/05/2004. Do outro lado da lâmina estavam gravados os nomes de todos os homens que haviam participado daquele dia. Buddy entregou a espada a Tommy e, em seguida, foi pegar sua própria espada. Os dois rapazes estavam sentados, um à minha direita e outro à esquerda enquanto eu sentava à cabeceira. Naquele momento os dois cruzaram suas espadas e eu segurei as lâminas com cuidado unindo-as com as mãos, olhei-os nos olhos.

Ao olhar para Tommy, pedi que ele colocasse sua espada numa parte de seu quarto onde todas as manhãs ele pudesse ser lembrado da espada do Espírito, a Palavra de Deus, a única arma realmente eficiente que temos contra o inimigo. Com as espadas unidas, eu disse a Tommy e a Buddy que, como um pai e dois filhos, seríamos como em Eclesiastes 4:12: "O cordão de três dobras [que] não se quebra tão depressa". Minha oração por eles era que, como um grupo de irmãos, estivéssemos tão ligados que sempre nos amaríamos, honraríamos, apoiaríamos uns aos outros, nos ajudaríamos mutuamente nos momentos difíceis, orando um pelo outro, e, como o ferro afia o ferro, nós nos afiaríamos e nos fortaleceríamos à medida que nos espelhássemos mais e mais na imagem de nosso Senhor e Salvador, Jesus Cristo.

Então, Buddy e Tommy se sentaram com suas espadas e eu disse a Tommy que quando os momentos de crise chegassem, queria que ele pegasse aquela espada do Espírito e a empunhasse, descansando na Palavra de Deus. Eu o lembrei de levantar o escudo da fé sobre o qual seu avô havia lhe falado, de viver uma vida de pureza como seu pastor havia aconselhado e de ser um homem de integridade como seu técnico lhe havia instruído. Também lhe disse para se lembrar do legado dos antepassados de nossa família.

Como havia sido feito com Buddy, pedi a cada homem presente que assumisse um compromisso pessoal com Tommy de ser seu conselheiro e guerreiro de oração por todos os dias de sua vida. Assim eles o fizeram. Depois, Tommy sentou numa cadeira, no meio da sala, e nos juntamos ao redor dele e cada homem fez uma oração.

Novamente, como havia sido feito com Buddy, depois de cada homem ter orado por Tommy, coloquei minhas mãos sobre sua cabeça e impetrei uma bênção especial, baseada no salmo 1 e salmos 37. Quando terminamos de orar, tiramos fotos de todos, de Tommy com sua espada e de Tommy e Buddy juntos com suas respectivas espadas.

A princípio, eu pensei que teria encerrado os ritos de passagem em minha família, mas, claro, eu ainda tinha minhas duas filhas e a semente da ideia de fazer algo especial para elas também começou a germinar.

Cinco

O RITO DE VICTORIA

Logo após o rito de meu segundo filho, Sheila e eu conversamos sobre o fato de que eu não havia feito um rito de passagem para nossas filhas. Passei a achar que um rito de passagem não é algo que um pai faz com seu filho apenas; deveria ser algo que um pai faz com *todos* os seus filhos. Os mesmos valores sobre fé, esperança, amor, pureza, integridade e de um coração guardado em Jesus Cristo são igualmente importantes para nossas meninas. Queria que elas ouvissem de seu pai que tinham a minha bênção e que as amava, e de que as estava encaminhando com o mesmo tipo de aconselhamento que fora dado a seus irmãos.

Se você tem filhas, tenho certeza de que você perceberá os benefícios também. Em *Girl's Passage, Father's Duty*, Brian e Kathleen Molitor explicam a importância do rito de passagem de uma menina, dando-lhe orientação, bênçãos e orações:

> Uma filha que recebe de seu pai amor, tempo e atenção, geralmente, é bem preparada para a vida. Da mesma forma, se privadas do amor, tempo e atenção de seu pai, elas se encontram vulneráveis a uma grande variedade de ataques. Tal situação obviamente existe em lares em que o

pai não está mais presente. Entretanto, tal situação também se reproduz em lares em que o pai vive sob o mesmo teto, mas falha em dar orientação, proferir palavras de bênção, abraçar ou orar por suas filhas. Precisamos entender que a vida de nossas filhas não é conto de fada, com final feliz previamente preparado. A ameaça contra cada uma delas é real, mas o final da história está longe de estar decidido. Na verdade, o desafio é tão grande que é preciso um herói para salvar o dia. Um herói chamado de... Pai.[1]

Um tipo de trilha diferente

Ao mesmo tempo, eu sabia que o rito tinha de ser bem diferente do que tinha sido para os meninos. Então, mais uma vez, busquei aconselhamento espiritual, vindo de mulheres também, conversei com minha esposa e orei para saber como deveria ser. Os principais elementos continuariam na lista – ter pessoas ao longo do trajeto que falassem sobre fé, esperança, amor, pureza, integridade e família – mas sabia que o ambiente precisaria ser diferente para as meninas. Também queria manter a mesma sequência de separação, transição e incorporação. As meninas estão mais para princesas do que para guerreiros. Para os meninos, a trilha na mata era algo fantástico. Para as meninas, procuramos por um ambiente que lhes falasse mais ao coração. No nosso caso, tudo levava ao lugar que mais nos remetia à ideia de casa – nossa igreja. Percebemos que um dia elas viriam a se casar na igreja, no altar, e que não havia lugar melhor para se falar sobre pureza em cada área de suas vidas.

Então, definimos um trajeto ao redor de nossa igreja, no próprio terreno. Primeiro, disse à nossa filha mais velha, Victoria, que queria passar uma sexta-feira com ela. Ela estava trabalhando na igreja durante as férias de verão; então, naquele dia, achou que só iria trabalhar na igreja.

Já havia conversado com as mulheres que participariam do evento. Tínhamos conversado sobre os tópicos, os mesmos que os dos meninos: fé, esperança, amor, pureza, integridade e família. Mas eu lhes dei mais liberdade para formularem seus próprios pensamentos a respeito de seus respectivos tópicos, mais do que havia feito com os meninos. Disse-lhes sobre a importância de falar dos tópicos em questão, mas que poderiam ficar à vontade para comentar a respeito do que mais o Senhor colocasse em seus corações, apropriado para se falar a uma moça.

Novamente, eis a importância de escolher as pessoas certas. Se você for permitir que adultos falem a seus filhos sobre o que quiserem, verifique se são pessoas que conhecem bem e têm uma boa impressão a respeito do que possam dizer.

Cada mulher levou seu próprio presente que simbolizava o que cada tópico significava para ela. Na verdade, elas apareceram com vários presentes singulares. Algumas delas escreveram diários; uma delas, junto com o anel da pureza, escreveu uma página com seus pensamentos em forma de pergaminho. Elas foram muito criativas.

Começando pela torre

Nós amamos nossa igreja; geralmente é um dos tópicos mais importantes de nossas orações. A Torre de Oração de dois andares é um ponto de referência na cidade e sede de um ministério de oração que funciona 24 horas por dia, sete dias por semana. Os guerreiros de oração da Sherwood Baptist Church enviam cerca de mil cartões de oração para pessoas de todo o mundo e, ao mesmo tempo, oram por elas. Pelo que a Torre de Oração representa para nós e por causa da importância da oração em nossas vidas como cristãos, achei que aquele fosse o melhor lugar para começar o rito de passagem de Victoria. Levei Victoria para a parte de fora da Torre de Oração no terreno da igreja e orei com ela. Daí, lhe disse para ir até a sala do segundo andar da torre. Lá, ela encontrou um bilhete pedindo que ligasse para sua tia-avó, Harriet Golden, que não poderia estar conosco naquele dia.

COMPANHEIRAS na PASSAGEM

EU SABIA QUE MEU PAI tinha realizado o rito com meus dois irmãos, mas não tinha ideia de que o meu estava a caminho. Na verdade, naquele verão eu estava trabalhando na igreja, ajudando o departamento infantil. Um dia meu pai insistiu para que me arrumasse e ficasse bonita. Era uma sexta, quando geralmente usamos jeans. Comecei a desconfiar, mas, mesmo assim, fiquei surpresa. Foi bem empolgante porque não estava esperando por aquilo.

Quando subi as escadas da torre, havia uma pequena Bíblia sobre o sofá. Era um presente de minha tia-avó. Havia também um bilhete me dizendo para ligar para ela porque ela não poderia estar lá naquele dia. A Bíblia era para que eu, a cada lugar que fosse naquele dia, marcasse e sublinhasse o versículo principal sobre o qual cada uma das mulheres falaria comigo. Eu ainda tenho aquela Bíblia.

Victoria McBride

Junto com a Bíblia, Victoria encontrou alguns marcadores de texto e uma caneta para que pudesse marcar todos os versículos que as pessoas lhe dariam para ler e escrevesse o nome de cada pessoa e a data ao lado deles. Isso é algo, ao olhar para trás, que gostaria de ter feito com os meninos. Queria ter-lhes dado a Bíblia primeiro e algo com o que escrever, porque é difícil lembrar-se de tudo o que se ouve. (Muitas das mulheres até mesmo escreveram o que disseram a Victoria para que ela pudesse se lembrar de tudo depois.)

Tia Harriet falando sobre integridade

A tia-avó Harriet falou a Victoria sobre o que significava ser uma mulher íntegra. Para as mulheres, a integridade envolve todos os atributos que esperamos de um homem, porém, mulheres carregam um peso a mais. É muito fácil rotular uma mulher como não íntegra por ter determinado tipo de comportamento pelo qual não se rotularia um homem da mesma forma, mesmo que tal comportamento seja considerado errado para um homem também. Para a mulher, o menor sinal de indecência pode acarretar sérias consequências, então há um trabalho dobrado para uma mulher ser considerada íntegra. Não é justo, mas é assim.

Tia Harriet explicou que não é possível ser uma mulher íntegra sem a Palavra de Deus. Harriet deu a Bíblia a Victoria como presente. A Bíblia tinha um valor especial para Harriet e, consequentemente, tornou-se valiosa para Victoria também. A Bíblia tinha sido um presente de Natal da tataravó de Victoria a seus bisavós. Depois ela foi presenteada a Harriet por ocasião de sua conversão muitos anos antes. Agora, Harriet estava dando-a a Victoria por ocasião de sua transição de menina para mulher. Harriet orou com Victoria e disse-lhe para ir para dentro da igreja, em direção ao altar, no presbitério, onde ela encontraria Dee Kelley, uma de suas professoras tanto da escola dominical quanto da escola regular.

A professora Dee falando sobre pureza

Dee já era uma amiga e mentora de Victoria havia anos. Ela iria falar com Victoria sobre pureza. Assim como no caso da integridade, em comparação com os meninos, as meninas também carregam um peso extra quando se trata de viver o ideal da pureza. Novamente, em nossa cultura, os meninos tendem a se safar em relação a comportamentos que condenariam uma menina a receber a alcunha de "saidinha" ou algo parecido. Dois pesos e duas medidas? Certamente, mas é a realidade.

Dee havia escrito tudo o que disse a Victoria naquele dia e pôs tudo num pergaminho que foi dado a ela como presente. Dee também lhe deu um anel da pureza para que ela usasse até o dia de seu casamento, que serviria para lembrar a Victoria de manter-se pura e santa. Dee explicou que um dia Victoria estaria diante daquele altar, ou talvez de outro altar, com o homem que Deus viesse a dar-lhe em casamento.

COMPANHEIRAS na PASSAGEM

FOI UMA GRANDE HONRA ter sido chamada a participar do rito de passagem de Victoria. Senti-me intimidada, sendo bem franca, pelo tópico. Falar com uma menina sobre pureza me parece ser um assunto muito pessoal. Como encorajar uma moça a continuar sendo pura em todas as áreas de sua vida? Eu queria proferir palavras de verdade para sua vida; queria falar não somente a respeito da pureza sexual, mas da pureza da vida.

Por ela ser jovem, fui até 1 Timóteo 4:12, o versículo da minha vida naquele momento. "Ninguém o despreze pelo fato de você ser jovem, mas seja um exemplo para os fiéis na palavra, no procedimento, no amor, na fé e na pureza." Eu expliquei a ela que a pureza é algo que Deus deseja em todas nós. Ela não se encontra somente dentro da área dos relacionamentos, mas no seu falar e no testemunho que você dá às pessoas por meio de sua vida e de sua fé, mantendo Deus em primeiro e no mais importante lugar. Trata-se de manter-se pura por guardar a Palavra de Deus em seu coração.

Dee Kelley

Dee disse-lhe que ela havia chegado pura àquele altar diante de um Deus Santo e que aquele anel era um símbolo daquela pureza. No dia de seu casamento, ela trocaria o anel da pureza por uma aliança.

Tia Sherie falando sobre fé

Depois de Dee ter orado com Victoria, ela a enviou a um quarto de nossa igreja reservado a noivas, onde ela encontrou sua tia Sherie Baker, que lhe falou sobre fé. (O marido de Sherie, Andy, já havia participado dos ritos de Buddy e Tommy.)

Os heróis da fé em Hebreus perseveraram pelo que lhes havia sido prometido, mas não havia acontecido ainda. Como a Bíblia diz: "Ora, a fé é a certeza daquilo que esperamos e a prova das coisas que não vemos. Pois foi por meio dela que os antigos receberam bom testemunho" (Hb. 11:1-2). Esta fé significa crer e agir por algo que não podemos ver e o autor de Hebreus elogia os heróis da fé do Antigo Testamento por isso. Ele não está exatamente falando sobre o que é a fé, mas sobre o que parece ser ao mencionar a vida daqueles que andaram na fé: Abel e Enoque, Noé e Abraão, Isaque, Jacó, José e tantos outros.

Como moça, Victoria ainda tinha muita vida pela frente e os heróis da fé em Hebreus serviriam de exemplo de pessoas que viveram com esperança por causa de sua fé em Deus.

COMPANHEIRAS na PASSAGEM

POR MEIO DA ORAÇÃO eu perguntei a Deus como Ele queria que eu falasse a Victoria a respeito do tema em questão, de maneira que ela conseguisse processar tudo. Victoria é muito madura no conhecimento da Palavra. Queria poder lhe falar sobre fé em um nível que pudesse entender e, então, buscar as Escrituras para mostrar sua fé como em Hebreus. Ela era um exemplo para sua irmã e para outros jovens adultos. Eu lhe disse que sempre a havia admirado por causa de seu nível de maturidade.

Sherie Baker

Sua Tia Sherie lhe deu uma placa com versículos sobre a fé, incluindo Hebreus 11:6, que fala sobre a fé agradar a Deus. Então ela orou com Victoria.

Duas avós falam

Tia Sherie, então, a mandou à sala do coral, onde sua avó, minha mãe, Norma Jean Mckinney, lhe falou sobre família e herança. A avó de Victoria lhe deu um livro escrito à mão sobre sua vida com lições espirituais que ela havia aprendido e fatos que havia presenciado ao longo de sua caminhada. Por causa das circunstâncias pessoais de minha mãe, ela conseguiu juntar várias lições bíblicas numa só.

COMPANHEIRAS na PASSAGEM

O PAI DE JIM E EU somos divorciados, mas somos melhores amigos hoje do que éramos quando casados. Eu escrevi sobre minha vida para que ela pudesse perceber que, embora a Bíblia diga para não nos divorciarmos, nós o fizemos. Foi um pecado perdoável. Após o divórcio, orei por um bom homem cristão, e Papa Harry, como o chamam, apareceu em minha vida. O que escrevi para ela veio do coração; ela chorou e eu também. Todos nós cometemos erros. Enfatizei que é graças à integridade e à verdade da Bíblia que prosseguimos.

Não posso voltar ao passado e apagar nada. Era isso que estava tentando dizer a ela. Aprendi muito ao longo de minha vida e adoraria não ter de vê-las passar por certos problemas.

Norma Jean McKinney

Pelo exemplo de sua avó, Victoria pode ver fé, esperança, amor e integridade, todos em ação de uma só vez. Sim, minha mãe e meu pai cometeram um erro quando mais jovens. Mas se nossa fé tem algum significado, quer dizer que há perdão nela também e Norma Jean era um exemplo vivo de alguém que fora perdoado e tinha tido lições duramente aprendidas que poderia passar para sua neta.

Em seguida, Victoria voltou ao presbitério, onde vovó Carol Beasley a aguardava. Carol deu a Victoria um diário, mas este estava em branco. Era para ela registrar seus pensamentos e lembranças, assim como orações e respostas de oração. Anos mais tarde Victoria poderia presenteá-lo à sua própria neta em seu rito de passagem. Vovó Beasley teve uma conversa bem íntima com Victoria e lhe falou sobre seu lado da família e suas experiências. Victoria recebeu dela uma Bíblia e um marcador de texto para destacar os versículos.

COMPANHEIRAS na PASSAGEM

EU AMO MEUS FILHOS e netos e pensar que algo que lhes dissesse poderia fazer diferença em suas vidas e nas decisões tomadas por eles era uma grande responsabilidade. Sabia que teria de escolher minhas palavras cuidadosamente com amor e carinho. Lembro-me de ter lhe dito do quanto eu me orgulhava dela por causa de seu amor por Deus e sua obediência a seus pais. Disse-lhe também que ela havia escolhido seus amigos sabiamente e que eu sabia que em qualquer coisa que ela decidisse fazer seria um sucesso.

Carol Beasley

A mãe de Victoria falando sobre caráter

A vovó encerrou orando com Victoria e, em seguida, mandou-a para a capela, onde sua mãe a esperava com um presente especial. Aquela era a última etapa do trajeto de Victoria. Sheila falou a sua filha sobre Provérbios 31: "Uma esposa exemplar [de caráter nobre]; feliz quem a encontrar! É muito mais valiosa que os rubis. Seu marido tem plena confiança nela e nunca lhe falta coisa alguma. Ela só lhe faz o bem, e nunca o mal, todos os dias da sua vida" (vv. 10-12). Essa passagem é muito rica em seu significado para uma moça que adentra a vida adulta, descreve simbolicamente tudo o que uma moça deveria aspirar ser, vivendo com base em um caráter nobre. E em que consiste ter um caráter nobre? Fé, esperança, amor, integridade, pureza e todos os outros elementos falados durante o rito de passagem.

No intuito de dar um presente para a vida inteira que simbolizasse a esposa de Provérbios 31, compramos um colar de rubi que Sheila deu a Victoria. O colar feito sob medida tinha um rubi no meio, o qual simbolizava Victoria e muitos outros pequenos rubis em volta do maior, os quais representavam o grupo de senhoras compromissadas que oravam por ela e a encorajavam. Depois de falar a Victoria sobre ser uma mulher de bom caráter, Sheila lhe deu o colar. Ela orou por Victoria e levou-a de volta ao pátio, onde todos nós esperávamos por ela.

O Rito de Victoria

Companheiras *na* Passagem

MINHA MÃE É AQUELA MULHER de Provérbios 31. Sim, ela me falou sobre o que significa ser uma naquele dia, mas ela tem me mostrado como sê-la através de suas ações há anos. Sabia que ela sempre tinha orado por mim e me apoiado como mãe, mas, naquele dia, era como se estivesse dizendo que estava orando por mim e me apoiando como mulher e amiga.

Victoria McBride

Um almoço especial

Enquanto Sheila estava conosco participando do rito, lá em casa algumas queridas mulheres de nossa família preparavam o almoço. Elas puseram uma bela mesa, esperando por nossa chegada. Assim como tinha feito com os meninos, quando chegamos à mesa, tivemos um momento de conversa. Victoria se inebriou com o amor e comunhão com aquelas mulheres mais velhas. Depois de terminado o almoço, tiramos a mesa e eu me levantei. Uma a uma, dando a volta na sala, eu reconheci o compromisso de cada mulher que havia participado da cerimônia e agradeci a elas por terem sido um grande apoio e guerreiras de oração para Sheila e para mim. Pedi que todas se levantassem, olhassem Victoria nos olhos e assumissem um compromisso com ela — de serem guerreiras de oração, incentivadoras e pessoas com quem Victoria pudesse contar quando precisasse de aconselhamento espiritual.

Então, eu me virei para minha filha mais velha e disse: "Há um momento na vida em que uma menina se senta e uma mulher se levanta. Quero encorajá-la e dizer que não importa qual problema você tenha, basta buscar o aconselhamento destas mulheres sábias.

Deus quer que busquemos aconselhamento espiritual e quando estamos orando por decisões a serem tomadas, não podemos nos isolar".

"Estas mulheres se comprometeram a dar este aconselhamento espiritual e a serem guerreiras de oração por você. Quando passar por momentos difíceis em sua vida, estas são as pessoas que você deve buscar. São as que se comprometeram em orar por você e te amar."

Assim, pedi que ela se levantasse e olhasse nos olhos das mulheres que estavam em pé e se comprometesse a chamá-las em busca de aconselhamento espiritual e sabedoria nos dias que viriam. Depois disso, ela se sentou novamente.

"Você é uma coroa para minha cabeça."

"Eu sei que você não é casada, mas se me permitir tomar a liberdade, como principal homem da sua vida no momento, eu gostaria de dizer-lhe, como seu pai, que você é uma coroa para minha cabeça. Você tem honrado a mim e à sua mãe em sua caminhada com o Senhor, na maneira como vejo você estudando a Bíblia, orando e buscando a Deus por sabedoria. Você tem sido como uma coroa para minha cabeça e tem honrado a mim e à sua mãe."

Eu, então, peguei uma coroa e a coloquei sobre sua cabeça. "Gostaria que recebesse esta coroa como um símbolo do caráter santo que sua mãe e eu temos observado em você e queria que a colocasse em seu quarto, no armário ou em qualquer outro lugar significativo para você, de maneira que ela sirva para lembrar-lhe constantemente de orar pelo homem com quem um dia irá se casar, para que você venha a ser uma coroa para a cabeça dele através de seus atos e por viver sua vida para o Senhor. Assim como, um dia, quando se casar, gostaria também que a levasse para o seu quarto, a fim de que sirva para lembrar constantemente a você e seu marido do desejo de ser uma coroa para a cabeça dele ao honrar seu esposo e amar o Senhor.

COMPANHEIRAS na PASSAGEM

MEU PAI DISSE: "Você tem sido como uma coroa para minha cabeça. Eu espero que um dia você passe isso para o seu marido". Aquilo falou muito comigo, esperar que um dia eu seja uma esposa tão boa quanto todas aquelas mulheres que conversaram comigo naquele dia. Cada uma delas me deu uma pérola sobre como ser uma mulher de Deus e também uma boa esposa e mãe.

Victoria McBride

A seguir, pedi que Victoria se sentasse numa cadeira de balanço que havia pertencido à minha tataravó. Todas as mulheres se juntaram ao redor da cadeira que estava no meio da sala e cada uma orou por Victoria. Então, impus minhas mãos sobre sua cabeça e fiz a oração da bênção espiritual do salmo 24 e do salmo 1. Foi um maravilhoso momento de bênção e tiramos muitas fotos para comemorar o dia.

Três já haviam ido, havia mais uma pela qual esperar. Logo chegaria a vez da minha filha mais nova, Sarah, ter seu próprio rito de passagem.

Seis

A VEZ DE SARAH

Depois dos três ritos de passagem de meus outros filhos, agora era a vez de Sarah. Ela seguiria um trajeto pela igreja, como havia sido feito com sua irmã. Durante aquele breve trajeto, ela iria se separar de seus pais, passar pela transição por intermédio dos ensinamentos de sábias mulheres e, em seguida, seria incorporada à família e a uma comunidade maior, a fim de ser confirmada como uma pessoa adulta e enviada ao mundo com a nossa bênção.

Na época, ela tinha acabado de fazer 18 anos. Na igreja, Sarah e eu caminhamos pela área externa, perto da Torre de Oração. Eu lhe disse que queria orar com ela e que aquele seria um dia especial, um momento no qual ela passaria de menina para mulher.

Os presentes especiais de Harriet

A primeira etapa foi novamente a Torre de Oração, onde ela falou com sua tia-avó Harriet. Assim como havia feito com Victoria, Harriet falou a Sarah pelo telefone sobre integridade, dizendo-lhe que ninguém consegue ser uma pessoa íntegra sem a Palavra de Deus. Somente seguindo os ensinamentos de Jesus é que Sarah encontraria e valorizaria a verdade (Jo. 8:31-32).

Além da Bíblia especial que Sarah usaria ao longo do trajeto, sua tia-avó lhe deu dois presentes muito pessoais. O primeiro foi um Cantor Cristão que Harriet tinha ganhado de sua própria tia-avó, Rivers Washburn, que, por sua vez, o havia comprado no Centro Cristão de Conferências de Ridgecrest (Carolina do Norte). O segundo foi um CD que incluía uma das músicas daquele Cantor Cristão, "Firmeza". Tia Harriet também acrescentou uma nota pessoal de encorajamento a um dos presentes.

COMPANHEIRAS na PASSAGEM

USEI O TRECHO DE JEREMIAS 29:11: "Porque sou eu que conheço os planos que tenho para vocês', diz o Senhor, 'planos de fazê-los prosperar e não de lhes causar dano, planos de dar-lhes esperança e um futuro.'" Eu lhe dei um Cantor Cristão que tinha sido comprado pela minha tia-avó em 1930 com o hino "Firmeza". ("Em nada ponho a minha fé, senão na graça de Jesus.") Dei-lhe, também, um CD com "Minha Esperança" e "Firmeza".

Harriet Golden

AQUILO FOI MUITO PESSOAL porque todos em minha família sabem como sou, como me relaciono, como deixo minhas emoções fluírem e isso sempre se deu através da escrita. Aquela nota pessoal significou muito para mim, e eu ainda uso notas pessoais para escrever sobre minhas emoções.

Sarah McBride

Novamente, escolher mentores que conheçam bem os seus filhos é importante. Claro, ela era sua tia-avó, mas também sabia como Sarah se relacionava com o mundo, e a nota escrita à mão foi o toque final perfeito.

Jackie falando sobre pureza

Depois disso, Sarah foi encaminhada a um quarto reservado a noivas. Lá ela encontrou Jackie Harmon, esposa de seu antigo pastor da mocidade, Keith (que havia participado dos ritos de Buddy e Tommy). Jackie falou a Sarah sobre pureza e o significado de ser parte da noiva de Cristo, levando uma vida digna de quem pertence a Ele.

COMPANHEIRAS na PASSAGEM

AQUELE MOMENTO FOI ESPECIAL para mim porque Jackie não vive mais aqui. Ela me orientou por muito tempo e acabei me tornando bem próxima de sua família: seu marido, que era nosso pastor da mocidade, e o filho deles porque fui sua babá várias vezes. O fato de ela ter viajado para estar lá significou muito para mim. Era uma das pessoas mais importantes que eu queria que estivesse lá. Ela já havia me ensinado muito e é uma dessas pessoas a quem realmente admiro.

Sarah McBride

NÓS CONVERSAMOS SOBRE o que a pureza significa e com o que ela se parece. Não se trata apenas de pureza sexual, mas pureza em cada área de sua vida; no que você assiste, no que ouve, nos lugares aonde você vai, as pessoas com quem você sai. Nós cuidamos muito dessas áreas em nossas vidas.

Jackie Harmon

Jackie falou sobre o futuro caminho de Sarah e o bom plano de Deus e como estas coisas estavam relacionadas com o fato de ela se manter pura diante dele. Ela fez referência a Isaías 55:8-9 (ACF), em que Deus diz: "Porque os meus pensamentos não são os vossos pensamentos, nem os vossos caminhos os meus caminhos, diz o Senhor. Porque assim como os céus são mais altos do que a terra, assim são os meus caminhos mais altos do que os vossos caminhos, e os meus pensamentos mais altos do que os vossos pensamentos".

COMPANHEIRAS na PASSAGEM

ÀS VEZES PODEMOS ACHAR que deveríamos estar num certo caminho ou fazer certas coisas, mas os caminhos de Deus são muito maiores que os nossos e ao longo de nossas vidas todos nós cometemos erros. Isso não quer dizer que temos de viver de acordo com tais erros; nossos erros não nos definem, mas sim quem somos em Cristo.

Jackie Harmon

Aquela foi uma grande lição para uma moça. Justamente naquele estágio da vida em que tantos jovens se sentem incertos acerca do que querem fazer e do que acreditam que Deus quer que façam.

Então, Jackie deu a Sarah um anel da pureza, que simbolizava não apenas a vida de pureza que ela estava disposta a viver, mas também sua condição de noiva de Cristo, segura no amor e na graça de Deus. Esse assunto foi um gancho para a pessoa que Sarah encontraria em seguida.

As fitas de amor de Reneé

Jackie orou com Sarah e a acompanhou até a sala do coral, a etapa seguinte, onde sua tia Reneé Warren a esperava. Reneé lhe falou sobre o significado de ser uma mulher de amor. Foi uma mensagem diferente da que muitos esperam quando o assunto é amor. Ela não usou a passagem padrão, 1 Coríntios 13.

"Todos usam Coríntios quando querem falar sobre o amor – aquele tipo de mensagem que diz: o 'amor é paciente, o amor é bondoso'", Reneé explicou mais tarde. "Pelo contrário, eu lhe disse que o amor é duro — você precisa amar até mesmo quando for difícil, precisa amar não importa o jeito, da maneira como Deus nos ama. Se você estiver passando por bons ou maus momentos, precisa amar."

Esta foi uma mensagem especialmente poderosa para Sarah, porque ela sabia que naquela época sua tia estava passando por um momento atribulado em seu próprio casamento. Reneé citou *The Greatest Thing in the World* [A maior coisa do mundo], de Henry Drummond (veja mais adiante), e se ateve a 1 João 4:10-11, que conclui: "Nisto consiste o amor: não em que nós tenhamos amado a Deus, mas em que ele nos amou e enviou seu Filho como propiciação pelos nossos pecados. Amados, visto que Deus assim nos amou, nós também devemos amar-nos uns aos outros".

COMPANHEIRAS na PASSAGEM

USEI UMA CITAÇÃO DE *The Greatest Thing in the World*: "Onde o amor está, Deus está. Aquele em quem habita o amor, Deus habita. Assim é o amor. Sem distinção, sem elaboração, sem procrastinação, amor. Esbanje-o com os pobres, pois é muito fácil; principalmente com os ricos, que muitas vezes são os que mais precisam e, mais do que tudo, com os seus semelhantes, algo que é mais difícil".

Reneé Warren

Reneé incorporou a tenacidade que, às vezes, é requerida pelo amor. Mesmo durante os momentos mais difíceis de seu casamento, ela não cedeu à raiva ou ao rancor. Pelo contrário, escolheu amar. Ela havia levado uns pedaços de fita que havia usado em seu casamento para embrulhar a Bíblia. Falou sobre o significado do amor de Cristo para ela e para o amor da vida dela, seu marido, e como aquelas fitas haviam sido usadas em sua cerimônia de casamento. Ela deu a Sarah duas daquelas fitas que simbolizavam a união do casamento, mesmo durante momentos difíceis. As fitas eram macias, mas fortes; flexíveis, mas resistentes. Aquelas fitas eram o presente perfeito para simbolizar o tipo de amor que Reneé enfatizou a Sarah.

Um anel de família e uma moeda de vovó McKinney

Depois de Reneé ter orado com Sarah, ela a enviou para se encontrar com a vovó McKinney, a qual iria lhe falar sobre família. Sua avó conhecia tanto Sarah quanto Victoria muito bem, e sabia como adequar sua mensagem para cada uma delas, de maneira que se encaixasse em suas personalidades; outra boa razão para se escolher bem os conselheiros do rito. Ela incentivou Sarah a usar os presentes que Deus havia lhe dado e afirmou-lhe dizendo que sua personalidade tinha sido escolhida por Deus para servir a Seus propósitos.

COMPANHEIRAS na PASSAGEM

COM SARAH EU FIZ de um jeito um pouco diferente do que havia feito com Victoria. Sarah é mais parecida comigo; somos independentes e de opinião forte. Queria que Sarah entendesse que, embora muitas vezes não gostemos do que nossos pais digam, ainda assim nós os amamos e lhes obedecemos. Podemos ter nossas diferenças, mas ainda assim os amamos.

Norma Jean McKinney

Então, sua avó lhe deu dois itens pessoais e especiais: um anel e uma moeda rara. "Minha avó me falou sobre o legado de nossa família", disse Sarah. Ela recordou a natureza pessoal dos presentes dados pela avó: "Ela me deu um de seus anéis, que tinha um grande valor sentimental para ela. Também me deu uma moeda. Era uma moeda rara, algo muito pessoal para ela".

A fé de Karen – e a de Sarah

Na capela Sarah encontrou Karen Jorgensen, uma das secretárias de nossa igreja, que também auxilia no ministério jovem. Ela conhecia Sarah desde que era uma menininha.

Karen é uma sobrevivente de câncer, logo, tinha muito a compartilhar sobre perseverança e fé. As duas já haviam estado juntas no grupo de discipulado de Karen. Por causa daquele relacionamento, acho que o momento de Sarah com Karen foi o mais especial. Sarah menciona o papel de Karen durante o discipulado como o de uma verdadeira mentora.

"Ela sempre assumiu um papel de mãe para mim, me orientando, falando sobre suas experiências de vida", disse Sarah depois. "Quando eu era mais nova, tinha tomado a típica decisão de aceitar a Cristo, mas acho que era muito nova para entender. Ela me ensinou como amar a Deus, viver como cristã e que isso era mais do que apenas regras."

Sarah conversou com Karen "por muito tempo durante o rito". Elas recordaram sobre o que Karen "havia me ensinado e experiências pelas quais passamos".

COMPANHEIRAS *na* PASSAGEM

EU A DEIXEI SABER o que Deus fez por mim quando tive câncer de mama. Passei por uma cirurgia e seis meses de quimioterapia. Às vezes, eu tinha tanto medo que não queria dormir. Aquela foi a época em que realmente senti Deus trabalhando em minha vida. Passei a conhecê-Lo de uma forma mais íntima do que jamais O havia conhecido antes.

Compartilhei com Sarah um versículo especial sobre confiar em Deus, Isaías 26:3: "Tu guardarás em perfeita paz aquele cujo propósito está firme, porque em ti confia". Eu lhe disse que não importava o que acontecesse na vida dela, "Deus está ao seu lado, esperando que você fale e siga uma caminhada diária com Ele. Não se afaste dele e sempre segure em Sua mão. Deixe-O ser Aquele que te dá paz e alegria na vida e um senso de propósito a cada dia".

Karen Jorgensen

Ao final de sua conversa, Karen deu a Sarah um folheto sobre a jornada por meio da fé. O profundo relacionamento entre Sarah e Karen mostra mais uma vez o poder que os adultos têm ao falarem à vida de seus filhos.

Sherie falando sobre esperança

Em seguida, Sarah passou um tempo com sua tia Sherie Baker, que já havia falado a Victoria sobre fé. Desta vez, ela falou a sua sobrinha mais nova sobre esperança. Outra vez, por causa de uma relação de muito tempo, Sherie sabia exatamente como adequar sua fala para Sarah.

"Sarah era uma líder de torcida, então, levei uma foto dela vestida com o uniforme", disse tia Sherie. "Ao olharmos para a foto, lembrei a ela que ser uma líder de torcida requer muita personalidade e conhecimento para expressá-la. Como cristãos, nossa personalidade (o Espírito Santo) deve ser evidenciada em tudo que fazemos, não importa quem esteja ao redor. Eu lhe disse que nunca deveria haver dúvida sobre quem somos em Cristo e que ela deveria sempre mostrar sua personalidade de cristã."

Um colar e uma coroa para Sarah

Como havia acontecido com sua irmã, Victoria, a última etapa de Sarah foi no altar com sua mãe, que falou sobre seu precioso valor como mulher. Sheila deu a Sarah um colar de rubis, como havia feito com Victoria.

A seguir, Sarah e todos os participantes voltaram para casa para a refeição. Eu, novamente, passei por cada mulher, agradecendo-lhes por terem sempre investido na vida de Sarah. Disse a Sarah que aquelas mulheres seriam, a partir de então, um recurso ao qual ela poderia recorrer quando precisasse de aconselhamento espiritual. Assim como com Victoria, falei-lhe sobre como as Escrituras dizem que uma boa esposa é uma coroa sobre a cabeça de seu marido e, por ela ainda não ter se casado, era uma coroa para a minha cabeça como filha.

Então, a presenteei com uma coroa e, depois, todas as mulheres se juntaram em volta de Sarah e, individualmente, oraram por ela. O evento terminou com minha oração e bênção sobre sua vida. Em seguida, tiramos fotos e encerramos o evento.

Sobre os anéis, espadas e coroas

Para todos os nossos filhos, Sheila e eu pagamos pelos presentes dados durante seus ritos de passagem: o anel da pureza para cada um, o colar e a coroa para cada filha e a espada para cada filho. Nós compramos todos os presentes. Embora a maioria dos participantes tenha dado presentes pessoais (e geralmente de baixo valor financeiro), os mais caros foram dados por nós. Aguardo ansiosamente pelos casamentos de Victoria e Sarah, porque quando a cerimônia estiver para começar, vou dizer algumas palavras e tirar o anel da pureza. Depois vou levar a noiva pelo corredor da igreja e, em seguida, devolver o anel para ser guardado como lembrança – e um dia, talvez, ela o passe para sua própria filha durante o rito de passagem. Meus filhos guardam seus anéis da pureza em suas casas como uma lembrança para permanecerem puros em seus casamentos.

Você pode estar se perguntando sobre o custo dos presentes para os ritos de passagem. Um anel de prata simples, com o versículo gravado por dentro, para os meninos custa entre cinquenta a setenta dólares. Enquanto solteiros, eles usavam seus anéis regularmente, exceto quando praticavam esportes. Depois de casados, eles os trocaram por suas alianças de casamento. O colar de rubis para as meninas custou mais, é claro. Decidimos fazer cada colar com rubis de verdade (embora pequenos). Se você escolher dar um colar parecido de presente, recomendo que seja de rubis de verdade (em vez de imitações) para demonstrar o valor de uma "mulher virtuosa [cujo] valor excede ao de rubis" (Pv. 31:10, ACF). Você pode escolher qualquer tipo de rubi para o seu colar customizado, mas este é um presente pelo qual você vai querer o melhor, se for possível.

Com o almoço e a bênção final sobre Sarah, eu tinha finalmente, e de maneira intencional e cheia de propósito, terminado de comissionar cada um de meus filhos em direção à vida adulta. Durante o processo, minha esposa e eu passamos verdades bíblicas importantes ao mesmo tempo em que reafirmamos a comunidade cristã com a qual eles poderiam contar quando buscassem direção, até mesmo quando já estivessem criando seus próprios filhos.

Outras pessoas já fizeram ritos parecidos com os filhos e nos próximos capítulos elas sugerem algumas formas dentre as quais você pode escolher fazer os seus. O capítulo final descreve como você pode conceder a bênção a seu filho adulto. As ideias dos capítulos restantes vão mostrar como você também pode ir ao encontro dos desejos mais profundos de seu filho.

Sete

PLANEJANDO UM RITO DE PASSAGEM

Qual é a melhor maneira de planejar um rito de passagem? Talvez, você já tenha entendido como fazê-lo nos capítulos 3 a 6. Essa é uma questão dúbia. Não há uma melhor maneira para se fazer um rito de passagem. Como pais, vocês devem adaptar e modificar o rito, inspirados em seus filhos individualmente. Mas eu também não posso enfatizar demais o poder desses ritos de influenciar a vida de seus filhos.

Alguns podem dizer: "Bem, meu filho e eu não temos um relacionamento ruim... mas também não somos tão próximos assim. Sem falar que não consigo pensar num grupo de homens ou mulheres com os quais eu prontamente pudesse contar para fazer isso".

Buscando pessoas que influenciam a vida de seu filho

Como o pastor declarou quando eu me converti (veja cap.1): "Não importa se você é o faxineiro ou o CEO de uma grande empresa – há sempre alguém que o admira. Há alguém sobre quem você exerce influência, alguém que está moldando a própria vida tomando a sua como modelo".

Há sempre adultos que seu filho ou filha admira. A gente percebendo ou não, eles estão lá. Você só precisa saber se eles exercem boas influências.

Comece a orar sobre como preparar este evento para seu filho ou filha. Ao mesmo tempo, tente identificar quem poderiam ser as pessoas influenciadoras na vida deles. Podem ser parentes ou até mesmo treinadores de algum esporte, atuais ou não, que ainda incentivem seus filhos de alguma forma. Pode ser o pastor da mocidade da sua igreja; podem ser professores da escola regular ou dominical ou até mesmo o maestro da banda escolar. Em algum momento, já encontramos ou conhecemos pessoas que influenciam nossos filhos.

Você pode não ter um grande relacionamento com estas pessoas, talvez elas tenham um relacionamento melhor com seus filhos do que com você, mas o ideal é começar a se relacionar com estes homens e mulheres para conseguir fazer o rito. Tenha em mente que seu evento não tem de ser idêntico ao meu. Sinta-se à vontade para planejá-lo da melhor maneira para seus filhos. Pode ser só você e dois outros homens. Neste caso cada um falaria sobre dois tópicos ou mais. Tente incluir um membro da família que conheça bem seu filho, talvez um avô ou avó, ou um tio ou tia favoritos.

Pode ser que seu grupo tenha de ser menor e você necessite se preparar mais para identificar tais pessoas.

Outro obstáculo pode ser o relacionamento que você tem atualmente com seu filho. Talvez, vocês não sejam tão próximos. O bom é levar seu filho para sair, onde possam relaxar juntos e conversar sobre a semana ou o mês. Pode tentar achar tempo para participar de atividades escolares, seja um jogo, uma peça, uma apresentação musical ou algo parecido. Não importa o que faça, apenas não apareça do nada, de repente. Se o seu filho sentir que o rito é forçado ou fingido, pode fazer mais mal do que bem. Talvez, você tenha de levar um ano ou mais preparando tudo, gastando tempo e trabalhando no processo junto a seu filho ou filha, de maneira que possa prepará-los para esse momento.

Como vimos no caso dos meus filhos, todos os adultos escolhidos já tinham um relacionamento estabelecido com eles, alguns mais do que outros. Todos conheciam bem meus filhos, o suficiente para adaptarem o programa de maneira a melhor combinar com as características de cada um. Todos, também, tinham um forte relacionamento com Deus. Ao pensar nos participantes, leve em consideração estes dois fatores: os possíveis participantes e mentores devem ter um sólido relacionamento com seus filhos e andar com Deus. A influência das pessoas é como uma estrada dividida em duas e, ao escolher homens e mulheres para tal, é melhor ter certeza de que levarão seu filho para a direção certa.

Lembrando as razões para o rito

Não importa o que você faça, tente pelo menos fazer *algo* por seu filho. *Isso faz com que seu filho saiba que você o ama* e que, como um pai de Deus, o está abençoando. *O rito também faz com que seu filho ou filha entenda que você está reconhecendo um nível de maturidade* na vida deles. Vale a pena investir sua energia em preparo e planejamento para esse momento. Estas são apenas duas das razões pelas quais se faz um rito de passagem.

No corpo de fuzileiros navais, tínhamos um tipo de treinamento chamado de OJT: *on the job-training* [aprendizado durante a execução da tarefa]. Aquilo significava que você não tinha aulas formais de como aprender algo, apenas recebia a incumbência e esperava-se que aprendesse ao longo do processo e cumprisse a tarefa. Quando se trata de criar filhos, acredito que uma porção de gente tenha uma mentalidade OJT: ser pai ou mãe é uma tarefa aprendida ao ser feita. Muitos de nossos filhos estão atravessando a vida sofrendo de OJT, tendo muitas dores de cabeça e soluços que talvez não tivessem se nós, como pais, os preparássemos para serem bem-sucedidos.

Lembre-se também de outra razão muito importante para este evento. *Com este rito de passagem, você e seu filho vão poder tomar muito do espaço do inimigo*. Você está preparando seu filho, que está se tornando um homem, para os muitos desafios que Satanás procura jogar sobre nós. Está tentando ajudar sua filha a se preparar para os desafios espirituais que vão continuar na vida adulta. Desta forma, seja sábio e tome cuidado ao escolher este grupo de homens e mulheres que serão os aconselhadores espirituais de seus filhos.

Como outros pais planejaram o rito de passagem dos filhos

Como já mencionei antes, cada filho é diferente, então, você não precisa fazer tudo como eu fiz. Apenas lembre-se dos três componentes – *separação, transição* e *incorporação* – e conclua com uma bênção. Mas para lhe dar mais ideias do que poderia dar certo com seus filhos, vamos dar uma olhada no que outros pais fizeram para planejar o rito de passagem de seus filhos, incluindo o treinador Jimmy Fields, participante dos ritos de passagem dos meus dois filhos.

Tendo um propósito

Meu amigo John Spencer, como eu, chegou à conclusão de que precisava fazer algo bem definido em relação a como encaminharia seus filhos da juventude para a vida adulta. Ele viu muitos pais, mesmo na igreja, que não tinham o menor senso de propósito ao criarem seus filhos.

"A melhor coisa sobre fazer ritos de passagem é o propósito", diz John. "Parte do processo para nós foi garantir que havíamos sido a maior fonte de informações ao longo de suas vidas; de que não estávamos deixando aquela tarefa para ninguém mais ou esperando que outra pessoa a fizesse por nós. Eu me perguntei: *Como posso garantir que meus filhos não estão seguindo alguém só porque acham que a pessoa é "maneira"?* Como posso fazer para que saibam que há um senso de propósito muito melhor que Deus tem para eles?"

Esta é uma consideração importante. Muito frequentemente, vejo pais se envolvendo em cada área da vida dos filhos, nos esportes ou outros eventos extraclasse e, até mesmo, em eventos da própria escola. No entanto, quando se trata de criá-los na fé, mostrando-lhes como e por que devem viver de maneira correta, eles acham que isso é tarefa da igreja – do pastor, do líder de mocidade ou qualquer outro. Não é não! A Bíblia diz que é nossa tarefa criar nossos filhos na fé. Deus diz: "Que todas estas palavras que hoje lhe ordeno estejam em seu coração. Ensine-as com persistência a seus filhos. Converse sobre elas quando estiver sentado em casa, quando estiver andando pelo caminho, quando se deitar e quando se levantar" (Dt. 6:6-7). Lembrar da Palavra de Deus e ensiná-la a seus filhos deveria ser parte de nossas atividades diárias. Isso precisa ser incluído em nossa rotina tanto quanto se vestir de manhã, sair de casa e andar pela rua.

Assim, o rito de passagem passa a fazer parte de um padrão. É um evento especial, e, como resultado, seu filho deveria se sentir especial, mas também não deve ser algo que, de repente, apareça do nada. É um ato de se compartilhar a fé, de um propósito ao lidar com os futuros filhos.

Acredito que precisamos ser cuidadosos aqui também. Um rito de passagem, não importa o quão especial e bem planejado seja, pode fazer com que seu filho fique confuso – "O que foi tudo isso?" – ou até mesmo cético, se você não tiver tido este propósito em relação à vida dele até aquele dia. Lembre-se de como Robert Lewis, no seu livro *Raising a Modern-Day Knight*, escreveu sobre o *processo* para seu filho ser encaminhado à vida adulta.

Jackie Harmon, participante dos ritos de passagem de minhas filhas, faz uma recomendação: "Realmente acredito que [o rito de passagem] é algo ótimo para os pais fazerem, mas se como pai ou mãe você não tiver sido o líder espiritual e ficado de olho em seus filhos e se não os criou num ambiente onde o rito de passagem faça sentido, então será quase que em vão".

Definindo múltiplos marcos

Mas se você tem criado seus filhos com propósito e quer fazer algo por eles, pode até mesmo pensar em marcar mais de uma passagem na vida deles. Os autores de *Spiritual Milestones* recomendam várias ocasiões importantes, tais como votos de pureza aos 13 anos de idade; um rito de passagem aos 15 ou 16 e mais um perto da época do filho se formar na escola, por volta dos 18.

John Spencer se inspirou no bar mitzvah, marco da passagem de menino para homem, aos 13 anos, e decidiu que seria a partir de então que começaria o rito de passagem de seu filho. "Não queria apenas um evento, queria que fossem passos ao longo do caminho. Queria eventos onde meus filhos pensassem: 'É aqui que meus pais querem que eu finque uma bandeira no chão e dê o próximo passo'."

Spencer fez assim com seus quatro filhos mais velhos – Kaitlyn, hoje com 19 anos; Kelsey, 16; Jud, 15 e Juliana, 13 – e faz planos de fazer o mesmo com sua filha mais nova, Melody, que hoje está com 10 anos. Ele olhou em volta para o mundo em que vivemos e percebeu que simplesmente não poderia deixar seus filhos chegarem à vida adulta à deriva, sem nenhuma recomendação específica vinda de seus pais.

"Começamos o processo com minha filha mais velha, Kaitlyn. Quando ela completou 16 anos, nós a levamos para comer e eu comprei um belo anel. Sua mãe e eu sentamos com ela e conversamos sobre pureza e falamos sobre o que uma moça deve esperar em relação a esse assunto."

A esposa de John, Heather, também contribuiu no processo com as meninas, levando-as a encontros mãe e filha, e como John diz: "Ensinando sobre assuntos mãe e filha para ajudar a formar valores maternais, além de outros, próprios de uma mulher".

O rito de passagem de Kaitlyn

Quando chegou a época da formatura de Kaitlyn na escola, eles fizeram outro rito para celebrar a data, algo que John planeja repetir com suas outras filhas. A formatura foi numa sexta-feira à noite e no sábado pela manhã ela foi conduzida em seu rito de passagem. John incluiu a esposa do pastor, as tias de Kaitlyn, algumas outras pessoas que Kaitlyn admirava, estrategicamente escolhidas, e sua mãe. "Apenas lhes dei assuntos específicos para falarem a respeito, não importava se eram integridade e trabalho duro, ou pureza e qualquer outra coisa. Nós criamos um percurso ao redor da igreja e Kaitlyn tinha de entrar numa sala e conversar com uma das mulheres e levar aproximadamente uns vinte minutos com ela. Cada mulher lhe deu algo como recordação do assunto conversado. Nós lhe demos um diário no qual ela começou a escrever naquele dia. Ela fez um percurso com seis mulheres naquela manhã."

Assim como fiz no rito de meus filhos, a cerimônia de Kaitlyn terminou com uma refeição especial. Antes do almoço, John e Heather deram a ela um colar com uma pequena coroa de ouro com rubis.

"Quero que sempre se lembre de que você vale muito mais que joias e rubis", John lhe disse, "e um dia será como uma coroa para a cabeça de um homem. Mas enquanto isso não acontecer, você ainda estará debaixo da minha proteção", disse John com sua esposa ao lado, "e, em primeiro e mais importante lugar, queremos que seja uma mulher que ame a Deus e atenda ao Seu propósito."

O primeiro marco de Jud

Com seu filho Jud, John começou mais cedo, quando estava chegando aos 13 anos. Ele pediu que Jud lesse *A Call to Die: A 40-Day Journey of Fasting from the World and Feasting on God*, de David Nasser; John leu o livro com Jud ao mesmo tempo. (Por causa dos compromissos com o trabalho e com a escola, respectivamente, eles remanejaram os quarenta dias ao longo de algumas semanas, tirando folgas aos finais de semana.) Este livro, disse John, leva o leitor a considerar o significado de confessar a fé em Cristo e vivê-la diariamente, morrendo para si mesmo, como Cristo nos chama a fazer. É uma mensagem que vai contra tudo que nossa cultura nos diz.

O fato de ter estudado aquele livro levou John ao seu plano seguinte – e ao primeiro marco de Jud. Juntos eles foram fazer uma trilha com pernoite numa floresta próxima. De certa forma, aquela foi a fase de separação, embora neste caso John não tenha se separado fisicamente de sua família porque seu pai estava lá com ele. Mas foi, no entanto, uma separação de seu mundo cotidiano. (Caminhadas numa floresta ou qualquer outro ambiente mais selvagem são ideais para isso.)

Jud tinha acabado de fazer 13 anos quando eles fizeram uma caminhada de 19km na trilha de Pine Mountain, no parque estadual Franklin D. Roosevelt, que fica no sul da Geórgia. "Queria fazer algo que fosse exigir dele fisicamente", diz John. "Não tenho certeza se aquilo exigiu fisicamente dele tanto quanto exigiu de mim."

"Passamos dois dias andando pela trilha, congelando juntos à noite, mas quando nos sentamos ao redor da fogueira, só ele e eu, eu peguei uma bela faca que eu havia levado; o cabo dela era de osso, quase como uma faca *Bowie*. Eu a dei de presente a ele e falei sobre como ele precisava começar a aprender a usar a Palavra de Deus como uma arma de combate. Disse-lhe que enquanto ele ainda não estivesse pronto para uma espada, precisava começar a aprender a usar a faca. Ela era simbólica no sentido de prepará-lo para o passo seguinte."

Aquela experiência na mata foi a fase de transição, onde Jud aprendeu um pouco sobre si mesmo enquanto caminhava por uma trilha árdua e seu pai lhe ensinava. Dar a faca de presente e voltar para casa representou a incorporação a um mundo maior e à sua família.

Preparando homens poderosos

Outro amigo, John Hemken, também escolheu usar múltiplas oportunidades para celebrar a passagem com seus meninos: Ben, hoje com 21 anos; Andrew, com 19; Luke, com 17 e Daniel, com 15.

Sobre sua preparação metódica e sobre os marcos que levaram ao rito de passagem, Hemken diz: "Como pais, preparamos nossos filhos para tudo mais na vida; falha nossa. Nós os preparamos para entrarem no jardim de infância (educação infantil), para o vestibular, para a faculdade, mas como preparamos o caráter deles para a vida adulta? Deixamos isso para a igreja, para o pastor da mocidade, para outras pessoas. Eu disse: "Não, esta responsabilidade é minha, e não da igreja".

"Creio firmemente em passos adicionais que levam a um relacionamento durador e a mudanças que perdurem."

Anos atrás, John e eu primeiro conversamos sobre o livro de Robert Lewis, *Raising a Modern-Day Knight* [Crie um cavaleiro para os dias de hoje]. Nós fomos realmente atingidos pela metáfora. E, também, fomos tocados pela ideia dos homens poderosos e de valor que encontramos na Bíblia. Logo, John chamaria o tempo usado com seus filhos de "nosso momento de homens poderosos".

"Sempre gostei dessa metáfora de criar um cavaleiro para os dias de hoje", lembra John, "e estava me perguntando: Por que vou deixar o amadurecimento de meus pequenos homens ao acaso?" Nossa sociedade, influenciada pelo feminismo, tem proclamado ideias a fim de não criarmos nossos meninos para se tornarem homens de verdade. Eu me perguntei o que estava fazendo para que, de maneira proativa e com propósito, pudesse transformar meus meninos em homens. É como antigamente, criavam um menino para ser um cavaleiro. Não se formavam cavaleiros só por estar por perto, por osmose. Era um processo deliberado e com propósito.

"Não consigo pensar em nada mais importante do que isso, como homem de negócios que sou. Ajudo a criar líderes em meu negócio, mas nenhum deles é mais importante do que fazer com que meus filhos sejam líderes e homens de Deus."

John escolheu a idade de 16 anos como o momento para o rito de passagem de cada filho. Ele os levou para uma cabana onde eles têm lote de terra ao norte de Green Bay, no Wisconsin. São 162m^2 de belas árvores madeireiras perto de um rio com uma bela cabana de madeira restaurada. É um lugar do tipo *Família Robinson* só que meio suíço: distante, selvagem, mas com o conforto de uma casa de verdade. Hemken reuniu os mentores logo cedo e falou a cada um quais eram os respectivos papéis no rito. Eles tiveram um momento de comunhão também. (Tive a honra de ter sido um desses homens.)

Hemken certificou-se de que os homens escolhidos já tinham um relacionamento previamente estabelecido com seus meninos e já os conheciam bem. Para fazer isso, ele começara a preparar os homens e seus filhos bem antes da época da cerimônia, reunindo um "grupo de homens poderosos". Foi um estudo de oito semanas usando material do ministério "Homens de Palavra", começando quando os meninos estavam no sexto ano.

Os homens poderosos das Escrituras

O conceito de "homens poderosos" tem muito a ver com o que John tenta fazer. Sabemos a respeito dos homens poderosos da Bíblia pelo relato encontrado em 2 Samuel 22-23. Aqueles eram os homens que viajaram com Davi pelo deserto e se dedicaram a ele, até mesmo correndo grandes riscos para servi-lo e protegê-lo enquanto fugiam do rei Saul e de seus assassinos. Davi era o ungido futuro rei e Saul o tratava como inimigo. Mesmo assim, os poderosos homens de Davi continuaram com ele. Deste conceito, John formou o seu "exército".

"Com quem eu vou sair?"

Ele começou quando cada um de seus meninos estava no sexto ano. "Este é um ponto de transição para os meninos", diz John.

"Um menino nessa idade começa a perguntar: 'Com quem eu vou sair?' Então, melhor do que deixar isso acontecer ao acaso, eu disse: 'Vamos pegar uns pais e filhos com os quais gostaríamos de sair e vamos viver a vida com eles um pouco'." Então, por definição, aquele acabou virando para os meus meninos um grupo composto justamente por pessoas com quem eles já saíam. Nós criamos seus grupos de amigos no sexto ano.

"Procurei por outros pais e filhos com os quais iríamos compartilhar aquele momento porque aquilo ajudaria a nós, pais, a nos prepararmos tanto quanto os filhos. Acho que nós nos tornamos nossos próprios mentores naqueles grupos do sexto ano, que acabaram tendo continuidade na vida de meus filhos. Eles foram as pessoas que eu viria a convidar para participar do rito de passagem dos 16 anos."

Quando chegasse a época da cerimônia, a mãe do menino, Kathleen, levaria o filho até a cabana de Wisconsin. Ela aproveitaria a oportunidade da viagem para abençoar seu filho e, ao chegarem ao lugar, o acompanharia a pé até a cabana. Lá ela teria preparado um desafio memorável, planejado para cada menino. Na cabana, o menino se encontraria com o avô materno, Merle. Ele sempre assumira a função de ensinar sobre a família, passando aos netos a importância disso. Depois que Merle terminasse, mandaria o menino seguir por um pequeno caminho, ao longo do qual encontraria o homem seguinte. Eles conversariam sobre pureza, confiança, honestidade ou fruto do Espírito.

A vantagem de ter muitos filhos é que os mais velhos acabam participando das cerimônias dos irmãos mais novos. John lembra principalmente do rito de passagem mais recente, o de seu filho Luke.

"Seus dois irmãos mais velhos puderam participar e aquilo foi incrivelmente significante. Nós chamamos o momento de a união da irmandade dos homens poderosos. Como pai, tive o privilégio de ser o último e [eu pedi a seus irmãos mais velhos para] compartilhar do que haviam aprendido. Eu pude afirmá--lo tanto como pai quanto como um irmão em Cristo."

No rito de cada um de seus filhos, John pediu que os participantes voltassem à cabana depois que encerrassem as etapas. Eles se reuniram em círculo e, juntamente com cada um dos homens participantes, ele estabeleceu um compromisso com o filho que estava passando pelo rito. Depois, confirmou o compromisso de cada um dos homens presentes no círculo.

"Copiei uma das ideias do Jim, a de presentear meu filho com uma espada. Cada uma foi diferente, mas eram espadas medievais com a data do rito, o nome do menino e de todos os homens participantes do rito gravados nelas. Todos os meus meninos as têm penduradas em seus quartos como uma recordação, junto com os outros presentes que ganharam dos outros homens da equipe."

Um ajuste perfeito

O que John fez foi ajustar o rito de acordo com o temperamento de cada um dos meninos. Como está em Provérbios 22:6: "Instrua a criança segundo os objetivos que você tem para ela, e mesmo com o passar dos anos não se desviará deles". Prepare uma criança de acordo com suas inclinações naturais e ela também seguirá pela estrada certa.

John conhecia a linguagem de amor de Luke – a maneira como ele se sentia mais amado era ouvindo palavras de afirmação. "Por ser o filho de número três, ele às vezes se sente como em terceiro lugar, é preciso realmente fazê-lo se sentir especial. Já com Andrew, por ele não ser o mais extrovertido de nossos filhos, o tema foi 'seja audaz no Senhor'."

O rito de passagem de uma filha

Para muitos de nós, pais, nossa primeira inclinação é planejar um rito de passagem para nossos filhos porque nos sentimos confortáveis com o fato de sermos do mesmo sexo. Mas não perca a bênção que você receberá como pai ao aproveitar o momento de fazer vir à tona a mulher que existe dentro de sua filha.

Dee Kelley, participante do rito de passagem de Victoria, trabalha com o marido para preparar e guiar com propósito os filhos rumo aos diferentes estágios da vida, mesmo que isso signifique não fazer exatamente o que fizemos. De acordo com o que Dee diz, tanto para filhas quanto para filhos, os pais têm uma grande oportunidade de prepará-los e encaminhá-los à vida adulta.

"Falamos para um pequeno grupo de pais a cada ano, algo entre dez e doze famílias por turma. Há tão pouco lá fora para pais que [querem] estar totalmente envolvidos com seus filhos.

Nós oramos por eles neste propósito, os ajudamos a seguir neste sentido, mas eles têm de querer ser ativos no intuito de fazerem algo por seus filhos através de todos os estágios, desde a infância até a vida adulta. O rito de passagem encoraja os pais a deixar os filhos seguirem em frente de uma maneira saudável e lhes dá um senso de que estará tudo bem se deixarem seus filhos partir. Eles vão estar bem quando se lançarem mundo afora, porque terão este grupo de homens ou mulheres que os ajudarão a permanecerem responsáveis."

Sherie Baker, que participou dos ritos de passagem tanto de Victoria quanto de Sarah, espera um dia fazer o mesmo por sua pequena bebê, a quem ela e seu marido recentemente adotaram.

"O Senhor pôs no coração de meu marido que adotássemos uma criança e nós o fizemos. Ele nos proporcionou uma família que nós escolhemos porque Ele sabia desde o início que [Emma] seria nossa filha. Ela tem sido uma bênção em nossas vidas. Desejo fazer um rito de passagem com minha filha também. Victoria e Sarah muito provavelmente vão ser minhas escolhas como mentoras dela."

O que poderia ser mais lindo e significante do que isso? Minhas duas filhas, cujas vidas foram abençoadas ao longo dos anos pela fidelidade e aconselhamento de Sherie, poderiam abençoá-la de volta e continuar a tradição daqui a alguns anos, quando a pequena Emma estiver na idade de ter o seu rito.

Como fazer sua filha se sentir amada

Muitos pais que conheço não fizeram um rito de passagem formal para suas filhas, mas, ainda assim, sentiram a necessidade de fazer algo para marcar a transição de suas meninas para a condição de mulheres. São casos em que o pai sabia que sua filha logo sairia de casa e queria aprofundar o relacionamento antes da partida.

Tais pais prepararam uma espécie de fuga de tudo para ambos. Para alguns pais e filhas, ambos participaram juntos na construção de algo ou num projeto médico – como em alguma missão evangelística em que se envolvessem juntos, sem mais ninguém, por um tempo. Os pais me contaram como trabalhar lado a lado com suas filhas servindo a Cristo lhes proporcionou lembranças que durariam por toda a vida e marcaram a passagem das filhas para a vida adulta. Certo pai levou sua filha para *Disney World*. Eles não somente edificaram o relacionamento, mas também, por meio das atividades e do tempo que passaram juntos, criaram lembranças eternas – e, indiretamente, o pai marcou o período de transição à vida adulta de sua filha.

Tais eventos não substituem um rito de passagem, é claro. Mas lembram a sua filha do valor que ela tem para a família, do seu amor por ela e do fato de que está se tornando uma mulher. Se você não puder fazer um rito de passagem, por quaisquer razões, pense em planejar um momento para conscientizar sua filha e fazê-la saber, através do presente de passarem um momento especial juntos, que você a ama e valoriza.

Ideias especiais para filhos especiais

No entanto, a melhor maneira de honrar seu filho ou filha é por meio de um rito formal de passagem. Isso não significa que você tenha de fazer um rito igual aos que fiz. Como já foi dito antes, filhos são diferentes. Não há moldes para os filhos; todos são únicos. Há diferentes maneiras de se fazer um rito de passagem dependendo do pai ou do filho. Alguns pais criam uma caixa ou um pote de orações quando seus filhos são novos, eles escrevem todas as orações que fizeram por seus filhos ao longo dos anos e as colocam na caixa ou no pote. Então, eles o dão ao filho quando chega o momento da passagem.

Imagine como seria para um filho, já adulto, ler tudo pelo que seu pai havia orado por ele enquanto passava pelas dificuldades típicas do quinto ano. Imagine uma filha lendo as orações de sua mãe feitas enquanto passava por aquela fase rebelde dos 12 anos de idade. Nada produz mais efeito no sentido de mostrar o amor dos pais e sua devoção aos filhos do que ver aquele rastro de orações que se estende desde o passado. Poder ler sobre um determinado momento de mágoas e palavras mais ásperas dentro de um contexto faz com que haja uma aproximação muito maior.

Se você acha que seu filho – ou você – prefere fazer algo menos chamativo, não precisa chamar cinco adultos e mandar seu filho ou filha seguir por uma trilha como parte do rito. Jimmy Fields, o treinador de futebol americano participante das cerimônias de Buddy e Tommy, escolheu fazer algo simples quando seu filho, Jay, fez 16 anos. Ele e outro homem levaram Jay a um lugar selvagem para pescarem trutas. O evento não foi tão formal ou elaborado como outros, mas ele intencionalmente escolheu aquele momento para iniciar Jay na vida adulta e introduzi-lo a um chamado específico para ser homem. O mais importante é que foi algo deliberado e com um propósito definido – um momento separado para encaminhar seu filho à vida adulta.

Situações especiais

Reconhecemos que nem todos os pais vivem num mundo ideal. Alguns podem ter se achegado à fé mais tarde ou na vida adulta. Talvez não tenham crescido num lar cristão. Talvez sejam novos na fé, na igreja e não tiveram a oportunidade de ter homens e mulheres de Deus ministrando a suas vidas.

Como pastor da mocidade, Keith Harmon diz: "Alguns podem dizer 'Meus filhos não têm o privilégio de ter à disposição seis homens ou mulheres que sejam parte da vida deles e que os amem da maneira que este livro sugere'. Eles não vivem num cenário de mundo perfeito".

"Mas, talvez, haja duas pessoas. Talvez seja um pai ou uma mãe, um professor de escola dominical, um líder do grupo de escoteiros, uma treinadora de líderes de torcida, um professor de artes, o regente de uma banda; talvez haja alguém que os pais conheçam que signifique muito para seu filho e que compartilhe os mesmos valores deles".

Outros pais podem ter receio de pensar em fazer um rito de passagem para seus filhos por causa de seu próprio passado. Como eles podem encorajá-los a levar uma vida de pureza quando eles mesmos não a levaram? Como podem querer falar de integridade quando não a exerceram em suas vidas? O pai ou a mãe pode pensar: meus filhos sabem que falhei nisso. Eles já me viram fazer errado.

Para casos assim, Harmon sugere o seguinte: "Seus filhos provavelmente já sabem disso; então, faça com que isso seja parte da cerimônia. Diga: 'Eu sei que não tenho sido o melhor pai ou mãe do mundo, mas quero começar a sê-lo hoje'. Acredito que o filho ou a filha iria adorar a ideia de começar do zero. Eu nunca vi, em 15 anos de ministério com jovens, um adolescente que não estivesse disposto a perdoar, tentar de novo ou dar a seus pais uma segunda chance".

E se você for um pai que vai à igreja e alguns dos amigos de seus filhos frequentam a mesma igreja que eles, mas não vêm de um lar cristão? Ou, talvez, se um dos pais do amigo for cristão e o outro não, ou ainda, se nenhum dos dois o for. Você não acha que este amigo de seu filho deveria ter a oportunidade de ter alguns adultos em sua vida que possam abençoá-lo, conscientizá-lo e ajudar a conduzi-lo à vida adulta?

Garrett Grubbs, um pastor da mocidade, conhece muito bem esse tipo de situação. "Cresci num lar onde minha mãe e meu pai não levavam a vida cristã muito a sério. Desta forma, eles não me incentivaram a ter responsabilidade em relação à pureza sexual ou em relação a qualquer outra área de minha vida. Só desenvolvi esta responsabilidade através do meu pastor da mocidade e de um grupo de amigos que eram cristãos. Quando você cresce num ambiente em que está envolvido com a igreja e tem um relacionamento com Cristo, mas vive num lar de hábitos típicos deste mundo, pode ficar confuso sobre que cultura determina o significado de ser um homem. Pode ser até que seu próprio pai esteja passando para você o que é ser um homem de acordo com os valores deste mundo. Daí, você, como filho, fica tentando entender o que significa ser um homem do ponto de vista bíblico, mas isso fica difícil."

O pastor Grubbs se lembra do caso de um menino cuja mãe frequenta a igreja, mas o pai raramente aparece por lá. O pai, um homem de negócios muito bem-sucedido, tem pouco interesse por assuntos espirituais. "O filho vai à igreja, o pai está quase o afastando de lá."

Uma situação assim é muito delicada. Você deve respeitar os direitos e a privacidade dos pais, mas ao mesmo tempo sente-se no dever de ajudar aquele rapaz ou moça a se tornarem adultos de Deus. O que você deve fazer? Como adulto que quer ajudar este menino em sua jornada rumo à vida adulta há algo que você pode fazer. A abordagem mais direta seria se encontrar com os pais dele para falar sobre o propósito do rito, diz Grubbs. Você pode, também, convidá-los a se envolver no que está acontecendo e se abrir. "Eu sentaria com os pais e diria: 'O rito é assim: há algumas etapas e o objetivo principal de tudo é fazer com que este grupo de pessoas, incluindo você, abençoe seu filho para que ele busque o Senhor e viva com Cristo'."

Esta é, como eu já disse, uma situação delicada e o ideal é buscar aconselhamento espiritual de seu pastor e de outras pessoas que conheçam a família. O mais importante, lide com a situação em oração. O momento e a abordagem devem ser precisos. Um rito de passagem pode ser uma boa oportunidade para evangelizar a família, o que é uma bênção, mas também pode fazer com que pais acabem contribuindo com o afastamento de seus filhos da igreja ou de seu grupo de mocidade e talvez da única influência positiva na vida deles. Qual a resposta para isso? Orar e buscar sabedoria antes de pensar em fazer qualquer coisa.

A beleza de se fazer um rito de passagem é que pode se tornar algo que passa de geração a geração – uma herança e uma bênção.

Quando você for um participante

Participantes de um rito de passagem são homens ou mulheres que exercem influência sobre a vida de um jovem atingindo uma idade de amadurecimento. Com seu envolvimento na igreja ou no lugar onde você mora, é possível que você seja chamado a participar do rito de passagem do filho de alguma outra pessoa. Se isso acontecer, tenha em mente o seguinte:

- Você estará fazendo parte de um evento de mudança de vida. É uma honra ser convidado a participar de um rito de passagem. O fato de ter sido convidado mostra que você já exerce algum tipo de influência na vida do jovem.
- Suas palavras causarão impacto; então, busque sabedoria de Deus. Procure nas Escrituras, em espírito de oração, passagens sobre o tópico a abordar.
- Há um momento de se assumir um compromisso no fim do rito, quando o pai lhe pedirá que você faça parte como "membro do conselho" do filho dele, como um conselheiro e mentor capaz de promover aconselhamento e encorajamento. Veja se você se sentirá à vontade em relação ao fato de estar à disposição para tal papel (exceto em casos em que sua agenda realmente não permita).

Não permita que a importância da ocasião faça com que você se sinta temeroso ou hesitante por achar que pode falar algo errado. Não se trata tanto do que irá falar; sua presença naquele dia vai dizer muito ao adolescente. Você terá doado seu tempo e, em alguns casos, até terá feito uma longa viagem para poder estar lá naquele dia. O menino ou menina ficará agradecido por você estar lá e receberá suas palavras, mesmo que não pareçam ser eloquentes ou inspiradoras o suficiente para você.

Oito

RESULTADOS

Um rito de passagem é um evento. No entanto, representa muito mais do que apenas isso, e hoje, depois de já ter feito o rito de passagem de meus quatro filhos, percebo que há itens que quero que permaneçam com eles por muito tempo. Ao planejar um rito de passagem para seus filhos e escolher as pessoas que serão convidadas a participar dele e os presentes ou lembranças que eles darão a seus filhos, leve em consideração as seguintes verdades.

Primeiro, os presentes são "Ebenézeres" ou, como eu os chamei anteriormente, pedras simbólicas (veja 1 Samuel 7:12; Josué 4:6-8). Os presentes que seus filhos receberem dos adultos durante o rito devem ser objetos aos quais eles possam se apegar, cuidar e lembrar. Testemunhei isso com meus quatro filhos.

Lembrando-se do presente

As meninas ainda usam os colares de rubi e guardam as coroas em seus quartos. Durante o namoro, Victoria contou ao namorado, Mark, sobre o colar de rubi que sua mãe lhe dera durante o rito de passagem. Quando ele lhe pediu em casamento, decidiu incluir rubis, um de cada lado do diamante do anel de noivado dela.

Os presentes causarão grande impacto em seus filhos, pois são lembranças visíveis dos compromissos assumidos e do amor demonstrado pela família e pelos conselheiros. Em nossa família os meninos mantiveram as espadas na parede de seus quartos como lembrança e ambos usaram os anéis da pureza até o dia de seus casamentos. As meninas ainda usam os delas. Estas pedras simbólicas e, principalmente, as relíquias de família que receberam de seus avós são presentes aos quais eles recorrem como lembrança daquele dia especial.

Uma herança para o futuro

Há um segundo resultado à espera de um filho que tenha participado de um rito de passagem. Com a participação de um membro da família e de seu cônjuge, seus filhos podem entender e apreciar a história de sua família ainda mais. Isto os preparará para valorizarem o passado e desejarem levar a herança adiante, para o futuro. Nosso filho Tommy, por exemplo, disse que o rito lhe deu um senso mais profundo de orgulho da família e de seu legado. Enquanto ele se preparava para casar, começou a pensar sobre o legado que deixaria para seus próprios filhos. Então, à medida que planejavam o casamento, a ideia de uma cerimônia com um ritual especial apareceu.

"A família de Kelly frequenta a mesma igreja que nós frequentamos e eles prezam por muitos dos mesmos valores que prezamos. No nosso casamento, queríamos ser reconhecidos como um casal de oração", disse Tommy.

Ele se lembrou de ter visto, em alguns casamentos, o casal usando uma bancada de oração. Talvez você já tenha visto isso. Trata-se de um pequeno genuflexório acolchoado com uma armação de superfície plana que pode ser usada para pôr a Bíblia ou o hinário. Algumas são bem simples; outras, mais elaboradas.

Tommy pensou que não haveria maneira melhor de simbolizar seu desejo de ele e Kelly serem reconhecidos como um casal de oração do que fazer uma bancada de oração para ele e sua noiva.

Tommy foi até uma madeireira, comprou um pedaço de mogno da América do Sul e fez a bancada de oração. Só que ele não tinha muita experiência em carpintaria, mas isso não importava muito; aquele foi um trabalho feito por amor. Ele levou meses, mas o tempo que passou trabalhando naquilo significou muito. Na noite antes do casamento, eles levaram a bancada até a frente da igreja. No final da cerimônia, se ajoelharam na bancada e eu subi até o altar e orei por eles. Em seguida, o pai de Kelly e eu assinamos no fundo da bancada e cada um escreveu uma mensagem para que até quinze gerações adiante, os futuros McBrides, vissem uma mensagem de legado da família. Depois do casamento, Tommy e Kelly puseram a bancada de oração ao pé da cama deles. Hoje, todas as noites eles se ajoelham nela e oram como casal antes de ir para a cama.

"Através de meu rito de oração, aprendi [a incorporar] as tradições de nossa família e as tradições de nossa fé em nosso casamento", diz Tommy. "Passei de um menino de 16 anos preocupado com futebol americano a um homem que cria uma família, ama sua esposa e vive o legado que me foi mostrado. Com o rito de passagem, você vê bem claramente que é isso o que significa ser um verdadeiro homem de Deus."

Um terceiro resultado

Um terceiro resultado de um rito de passagem é a possibilidade de aconselhamento espiritual disponibilizado para os filhos. Seu filho ou filha saberá que ele ou ela poderá contar com qualquer um dos participantes anos mais tarde; terão conselheiros que poderão ouvi-los ou oferecer-lhes ajuda. E, de tempos em tempos, seu filho já adulto buscará aconselhamento. De vez em quando, eu irei conversar com o treinador, o pastor da mocidade ou uma das senhoras e alguém dirá: "Adivinhe quem me ligou hoje?" Um de meus filhos terá entrado em contato com alguns deles, pedindo-lhes oração por algo ou pedindo-lhes aconselhamento sobre alguma situação específica. E este era um de nossos objetivos desde o início – ter um grupo de homens ou mulheres com os quais seu filho ou filha poderá contar para os aconselhar e orar por eles.

Com tantas influências e tantas pessoas contribuindo para com a vida de seus filhos já adultos, você ficará grato por eles poderem contar com pessoas de oração e tementes a Deus para ajudá-los a tomarem as decisões difíceis ao longo da vida. Seus filhos também serão gratos por terem este grupo de pessoas à disposição.

Para mim o último resultado do rito de passagem é o de ajudar seus filhos a se envolverem com um grupo de mentores e conselheiros espirituais.

"Muitas destas pessoas ainda fazem parte da minha vida", diz o irmão mais velho de Tommy, Buddy, "e sei que quando tenho alguma questão sobre a qual preciso, basta buscar a qualquer um deles que consigo bons conselhos."

Saber que você é amado

A bênção que conclui o rito de passagem traz um resultado final de longo prazo para seus filhos. Para os filhos, ouvir que seus pais têm orgulho deles é uma bênção. Não se trata de algo que você diga apenas uma vez, num dia. Dentro do contexto do evento e de como vivemos antes e depois dele, tanto o rito quanto a bênção ajudaram para que Sheila e eu continuássemos a ter o coração de nossos filhos. Ainda estamos muito envolvidos em suas vidas e eles nos procuram em busca de aconselhamento espiritual para ajudá-los a orar pelas grandes decisões de suas vidas, mantendo a conexão.

Parte de ser bem-sucedido como pai ou mãe não é fazer seus filhos serem perfeitos, mas continuarem se esforçando em ser quem eles devem ser em Cristo, continuando no caminho da santificação. Sim, talvez eles caiam, mas vão se levantar e seus olhos e corações ainda vão estar focados no Senhor. Vocês, como pais, ainda poderão se relacionar com eles e acompanhá-los nessa jornada. A bênção sobre seu filho pode ter um impacto que dure por toda a vida, no sentido de manter o canal de comunicação entre vocês aberto e no de fazê-los saber que vocês realmente os amam.

Receber a bênção de um pai ou mãe e saber que são os advogados deles dá aos seus filhos a confiança necessária para o resto da vida. Eles sabem que com esta bênção, o pai ou a mãe irá ajudá-los a superar as dificuldades e, dentro do possível, a conquistar seus objetivos na vida.

Não subestime a importância de fortificar seu relacionamento com seus filhos nessa fase em que passam para a vida adulta. Não presuma que só porque você os criou bem e indicou o caminho, eles vão sempre ter um bom relacionamento com você. Uma realidade infeliz é a de que muitos filhos adultos não têm um bom relacionamento com os pais. Um estudo recente do periódico *Psychology and Aging* descobriu que "a relação entre pais e filhos é um dos laços sociais mais duradouros dos estabelecidos entre os humanos. Esse laço é muitas vezes altamente positivo e de apoio, mas comumente inclui sentimentos de irritação, tensão e ambivalência".[1] O psiquiatra Harry Bloomfield acrescenta que quase 90% de filhos na idade adulta não costumam ter um bom relacionamento com seus pais.[2] Estas descobertas são trágicas.

O relacionamento entre pais e filhos tem de ser próximo durante o crescimento dos filhos, assim como quando deixarem o ninho, mas, ao longo dos anos, uma série de acontecimentos, desde escolhas de estilo de vida, criação dos próprios filhos ou até mesmo diferenças políticas e religiosas, podem criar separação. Porém, se você os tiver criado bem e estabelecido uma base sólida para a fé deles, enraizada no reconhecimento da pessoa deles e dando-lhes um sólido grupo de mentores com os quais eles possam contar, as chances de conflito no futuro podem ser diminuídas.

Pode também haver uma época em que eles irão abençoar os pais de volta, agradecendo por suas constantes demonstrações de amor. Este reconhecimento vai lhe dar confiança e conforto também.

Aqui vão palavras vindas de Victoria, que adoramos:

"Por ter vinte e poucos anos e estar na faculdade, você pensa que sabe de tudo", diz Victoria. "Ver o quanto meus pais me amaram o suficiente para fazerem aquilo e compartilharem aquelas experiências comigo e todas as pessoas participantes significa muito mais para mim agora. Fora da casa de meus pais e vivendo por mim mesma, sinto cada vez mais a necessidade de me agarrar àquelas lições e versículos que me foram passados."

"Quanto mais olho para trás hoje, mais percebo a influência daquele dia. Foi um momento em que meus pais se sentaram comigo e disseram: 'Confiamos em você, sabemos quem você é e acreditamos que está aprendendo a ser quem você é'. Acredito ser muito importante para qualquer filho ou filha receber isso de seus pais."

Epílogo

NUNCA É TARDE DEMAIS

Quando perguntado sobre como poderia ser um pai melhor, uma vez ouvi um pai dizer: "Bem, meus filhos já são todos adultos; então, não tenho nada a acrescentar". Ele pensava que seu trabalho estava terminado e que não tinha mais a responsabilidade de amar e comprometer-se com seus filhos.

Por que ele disse aquilo? Por que ele queria dizer aquilo? Enquanto seus filhos ainda forem seus filhos, você ainda será o pai, mesmo que tenha 90 anos e eles 70. Você ainda será o pai; você ainda será a mãe. Então, para mim, a definição de sucesso na tarefa de ser pai ou mãe é fazer com que seus filhos andem na fé e tenham um bom relacionamento com os pais, ainda envolvidos com suas vidas.

Talvez, entretanto, alguns pais se sintam culpados. Pode ser que eles não tenham tido o melhor dos relacionamentos com seus filhos e agora seus filhos sejam adultos e já estejam fora de casa. Talvez alguns pais nunca tenham tido a chance ou nunca aproveitaram a oportunidade de dizer ao filho o quanto o amavam. Aqui vai meu conselho: nunca é tarde demais para um pai estabelecer um compromisso com seu filho – dizer-lhe que o ama incondicionalmente ou deixá-lo saber que você o ama sempre. Se vocês não puderem se encontrar, ligue para seu filho ou filha. Se isso não for possível, escreva uma carta pessoal expressando seu amor.

Acredito que haja alguns adultos hoje em dia que nunca experimentaram ter o pai ou a mãe aprovando-os e dizendo-lhes que são amados. Já participei de muitos grupos de discussão com filhos adultos e duas afirmações que tenho ouvido vez após vez são: "Eu nunca ouvi meu pai dizer que me amava" ou "Eu nunca soube se tinha a aprovação de meu pai".

Recebendo a bênção já adulto

Eu sempre soube que meu pai me amava, mas ele nunca havia dito isso para mim explicitamente. Nós não tínhamos um relacionamento ruim, mas também não tínhamos o tipo de relacionamento em que meu pai se abrisse comigo. Meu momento especial, um momento que considero como um rito de passagem pessoal, foi quando tive certeza de que tinha não somente a aprovação de meu pai, mas também sua bênção. E não faz tanto tempo assim – eu já era um homem feito.

Havia muito tempo que tinha deixado os negócios do parque de diversões itinerante, mas, às vezes, como num programa familiar de férias, ajudava meu pai por uma semana no parque numa localidade qualquer. Foi divertido estar de volta fazendo o que sabia fazer, uma forma de reviver minha infância. Também foi divertido para a minha família estar do lado de dentro, por assim dizer, vendo como funciona um parque itinerante. Além do mais, o que seria mais divertido do que passar todo um período de férias num parque de diversões?

Certa vez, encontramos meu pai no parque em Manassas, Virgínia. Lá, um anel, um anel por demais incomum, confirmou seu amor por mim.

Aquele anel me transportou de volta a um encontro com um dos irmãos de meu pai que, como todos os homens dos quais me recordo do lado da família de meu pai, era envolvido com os maçons. A maçonaria é uma ordem fraternal cuja origem vem de um passado obscuro dos primeiros pedreiros da Europa medieval. Ela é particularmente forte na Inglaterra e na Escócia, de onde os McBrides vieram, e foi proeminente nos primeiros anos da América. (George Washington é talvez o mais famoso dos primeiros maçons dos Estados Unidos.) Logo que cheguei à idade apropriada também me tornei um maçon.

Um anel de valor

Meu tio Woody, que era o dono do parque itinerante e foi um mentor importante para a minha vida, também era maçon. Por muito tempo ele usara um belo anel da maçonaria do 32º grau. Nele havia duas águias com um diamante lapidado bem no meio. Ele havia dito a mim e ao meu pai que éramos as gerações seguintes a dele a trabalhar no parque, que qualquer um de nós que chegasse ao 32º grau da maçonaria primeiro seria a pessoa a quem ele daria aquele anel. Eu me tornei um maçon do 32º grau primeiro, então meu tio, em seu leito de morte, me deu aquele anel.

Mas quando eu me tornei cristão, realmente me senti incomodado por ser maçon. Há alguns conceitos conflitantes entre a maçonaria e o cristianismo. Alguns são verdadeiros, outros não, e não é minha intenção falar aqui sobre eles. Resumindo, me senti incomodado, não tanto pelo fato de haver ou não algo oculto em relação aos assuntos da maçonaria, mas pelo fato de que a organização era segregada. Havia maçons negros e maçons brancos, mas eles não se misturavam. Como poderia amar meu irmão afroamericano em Cristo e fazer parte de algo que ele não poderia fazer parte totalmente? Bastava aquilo para dizer que depois de ser salvo, me senti incomodado sobre minha participação na maçonaria. Havia muito tempo que eu me tornara inativo, mas, ainda assim, meu nome ainda constava no rol de membros e ainda tinha aquele anel de maçon do 32º grau.

Então, conversei sobre o assunto com minha esposa, orei a respeito e contatei os maçons. Disse-lhes que queria ser retirado dos livros e registros da maçonaria. Não queria mais fazer parte de uma organização como aquela. Eles pensaram que eu estava louco. Contataram alguns membros de minha família e alguns deles me ligaram perguntando se tinha perdido a cabeça. Por que, perguntaram eles, eu iria querer sair da maçonaria? Eu lhes expliquei sobre o que acreditava e o quão convicto estava daquilo.

Ainda assim, pedi para ser desligado da maçonaria, e pensei que com aquilo estaria fora dela. No entanto, um ano mais tarde recebi meu cartão de dívidas, dizendo que eles queriam que eu as pagasse. Liguei para eles e perguntei: "Por que estou recebendo isso? Eu lhes disse ano passado que queria me desligar da maçonaria". Então eles me explicaram que um de meus parentes havia pagado minhas dívidas no ano anterior. Estavam convencidos de que estava apenas passando por alguma fase ruim e que logo me "recuperaria". Eu lhes disse: "Bem, não me recuperei e não vou me recuperar e quero sair da maçonaria".

Um anel renunciado

Tinha quase certeza de quem tinha pagado minhas dívidas, mas realmente não me importava. Apenas segui em frente e deixei bem claro que não mais queria ser um maçon. Então, saí. Àquela altura, a filha do meu tio-avô, prima de meu pai, entrou em contato comigo e disse: "Se você saiu da maçonaria, provavelmente não vai usar o anel que era de meu pai". Eu disse: "É isso aí". Ela disse que queria o anel de volta para a família e que até o compraria de volta, e eu poderia ficar com o diamante, vendê-lo e dar o dinheiro para minha igreja. Ela apenas queria o anel.

Disse que eu tinha de orar a respeito, mas acrescentei: "Sei de uma coisa: seu pai me deu este anel inteiro e vou mantê-lo inteiro comigo ou vou devolvê-lo inteiro para você, mas não vou separar o diamante do anel". Depois de orar sobre o assunto, senti que o Senhor queria que apenas o pusesse numa caixa, desse o anel a ela e não pedisse nada em troca – apenas enviasse o anel. Lembre-se de que era um anel de diamante lapidado que havia sido avaliado em US$ 2.500,00.

Então, enviei-lhe o anel sem pedir nada em troca. Nunca mais ouvi nada sobre ele.

As palavras de meu pai

Meses mais tarde, minha família e eu estávamos num parque para ajudar meu pai. Ele trabalhava dia e noite. Certa noite, depois de o parque ter fechado, estávamos varrendo o lixo. Era perto de meia-noite e não havia ninguém em volta – só meu pai e eu. Meu pai me puxou para o lado dele, ambos segurávamos nossas vassouras, e pôs seu braço ao meu redor. Então ele disse: "Você nem sabe que sei o que fez com aquele anel. Mas eu soube. E estou muito orgulhoso por você tê-lo feito da maneira que o fez – sem pedir nada em troca".

"Quando você me disse que amava a Deus, aquilo não me disse muita coisa", ele acrescentou. Àquela altura, eu pensei: "Ai meu Deus, onde é que essa conversa vai chegar?"

Então ele disse: "Mas quando eu o vi vivendo para Deus, aquilo significou muito para mim. Aquele era um anel dado por seu tio, mas tenho aqui este anel que também pertenceu ao seu tio feito do ouro derretido de outros anéis dele. Ele tem sete diamantes. Não sei quanto ele vale em dólares, mas certamente vale mais do que o outro anel que você devolveu. Quero que fique com ele como um símbolo de conexão àquele seu tio, mas, também, como um símbolo do reconhecimento de seu pai sobre o fato de que você está vivendo e amando Deus com sua vida. Eu o amo e tenho orgulho de você".

Ele me deu aquele anel naquela noite. Foi um momento incrível do qual vou me lembrar para sempre. Era a primeira vez, que eu me lembre, que meu pai dizia ter orgulho de mim. Lá estava eu, um adulto já com minha própria família e era a primeira vez que meu pai demonstrou seu compromisso comigo. Ainda mais incrível foi a razão pela qual ele me abençoara – por ser firme em meus princípios e em minha fé. Meu pai não era bem um cristão naquela época e aquilo tinha sido um grande testemunho para ele. Hoje ele tenta frequentar a igreja regularmente e sua agenda com os parques é menos intensa – ele lida apenas com estoque e trabalha em estandes de comida. De forma muito significante, frequenta grupos de estudo bíblico no meio da semana e administra concessões para a *Upward Sports*, um ministério de esportes de sua igreja.

Para mim, aquele momento da meia-noite com meu pai anos atrás me diz duas coisas diferentes: que fidelidade e obediência são seguidos de bênçãos e que não devemos esperar menos de Deus. Eu me desfiz de algo sem impor qualquer condição e Ele me deu algo em troca muito mais valioso. Desfiz-me de um anel dado por alguém que tinha sido meu mentor e Deus me deu outro anel daquele mesmo mentor através das mãos de meu pai – com uma bênção.

Pode ser que você já tenha experimentado um momento de bênção assim, um momento com seu pai ou sua mãe.

Ajudando seu filho a se tornar um adulto

Em seu livro *Raising a Modern-Day Knight*, Robert Lewis reconta a história de Sam Rayburn, líder da Câmara dos Deputados dos Estados Unidos. Rayburn foi um dos mais influentes legisladores a pisar nos corredores do Congresso. O *Rayburn Congressional Office Building* em Washington leva seu nome. Ao começar a contar sua história, Lewis diz que Rayburn era um rapaz criado no Texas:

> Certo dia em 1900, cercado pelo vento que varria a pradaria texana, o pai de Sam havia pegado uma charrete e levado seu filho de 18 anos para a cidade. O garoto estava indo para a faculdade e deixava a fazenda que seu pai, um homem pobre, havia lavrado a vida inteira. De pé juntos na plataforma da estação, pai e filho aguardavam pelo trem. A "mala" de Sam – na verdade, um monte de roupas amarradas com uma corda – estava a seus pés. Nenhuma palavra era dita.

Então, quando o trem chegou e Sam já se preparava para entrar, seu pai pegou do bolso e pôs um punhado de dólares na mão de Sam. Vinte e cinco dólares. De acordo com Robert Caro (biógrafo de Sam Rayburn), "Sam nunca esqueceu aquilo; falou sobre aqueles 25 dólares pelo resto da vida".

"Só Deus sabe como ele os economizou", Sam dissera. "Ele nunca tinha dinheiro algum extra, nós só ganhávamos o suficiente para viver. Aquilo me quebrantou; ele [me] dando aqueles 25 dólares."

Com lágrimas nos olhos, Sam se virou para entrar no trem. Mais uma vez, seu pai o alcançou e segurou suas mãos. As quatro palavras que ele disse ecoariam para sempre na memória do menino. Ele disse simplesmente: "Sam, seja um homem!"[1]

"Seja um homem!" Que palavras mais poderosas um pai poderia dizer a seu filho?

"Seja uma mulher de Deus!" Que palavras mais poderosas há para se dizer a uma filha?

Aquela simples conversa entre mim e meu pai num verão quando tinha meus trinta e tantos anos foi uma experiência parecida para mim. Sempre vou me lembrar dela como Sam Rayburn se lembrara de seu pai o enviando para o mundo.

Para qualquer pai, qualquer homem, se você está vivo e seus filhos ainda respiram, nunca é tarde demais para que tenha um momento assim, um rito de passagem, um momento de bênção entre você e seu filho ou filha, um momento de comprometer-se com ele, olhá-lo nos olhos e reconhecer seu amor e respeito por eles.

Nunca é tarde demais.

Anexo

Esboços para o planejamento de um rito de passagem

Esboço do rito de passagem para um menino

O pai ora com o filho para começar o rito de passagem. Em seguida, o encaminha para a primeira das etapas, onde o primeiro participante o estará aguardando. Aqui vão alguns tópicos sugeridos para cada uma das etapas:

- Etapa nº 1:   Integridade;
- Etapa nº 2:   Pureza;
- Etapa nº 3:   Fé;
- Etapa nº 4:   Esperança;
- Etapa nº 5:   Amor;
- Etapa nº 6:   Família.

Depois que o último participante terminar de falar com seu filho, todos devem voltar ao começo da trilha. O pai, então, convida os participantes do rito de passagem a se juntarem a ele e seu filho para almoçar (ou jantar).

Antes e durante a refeição, os adultos e o pai conversam normalmente. Pode ser que o filho queira apenas ouvir a conversa, mas se ele se sentir à vontade, convide-o a participar. Depois da refeição, faça o resto da cerimônia:

- Compromisso de cada um dos participantes, firmado pelo pai;
- Desafio e chamado do filho;
- O pai dá o presente final – a espada;
- Oração pelo filho feita pelos membros do grupo;
- A oração final feita pelo pai acompanhada da bênção.

Esboço do rito de passagem para uma menina

O pai ora com a menina para começar a passagem. Em seguida, a encaminha para a primeira das etapas, onde a primeira participante a estará aguardando. Aqui vão os tópicos sugeridos para cada uma das etapas:

- Etapa nº 1:   Integridade;
- Etapa nº 2:   Pureza;
- Etapa nº 3:   Fé;
- Etapa nº 4:   Esperança;
- Etapa nº 5:   Amor;
- Etapa nº 6:   Família.

Depois que a última participante terminar de conversar com a menina, todas voltam ao início do trajeto. O pai, então, convida as participantes do rito para se juntarem a ele e sua filha para almoçar (ou jantar).

Antes e durante a refeição, os adultos, incluindo o pai e a mãe, conversam normalmente. Pode ser que a filha queira apenas ouvir a conversa, mas se ela se sentir à vontade, convide-a a participar. Depois da refeição faça o resto da cerimônia:

- Compromisso de cada uma das participantes, firmado pelo pai;
- Desafio e chamado da filha;
- O pai dá o presente final – a coroa;
- Oração pela filha feita pelos membros do grupo;
- A oração final feita pelo pai acompanhada da bênção.

NOTAS

Introdução: Por que um "Rito"?

1. Robert Lewis, *Raising a Modern-Day Knight: A Father's Role in Guiding His Son to Authentic Manhood*, rev. ed. (Carol Stream Ill.: Tyndale, 2007), 10.

2. Como citado em Cathy Lynn Grossman, "Young Adults Aren't Sticking with Church", *USA Today*, 074/08/2007 em http://www.usatoday.com/printedition/life/20070807/d_churchdropout07.art.htm.

3. The Barna Group, "Most Twentysomethings Put Christianity on the Shelf Following Spiritually Active Teen Years", 11/09/2006 em http://www.barna.org/barna-update/article/16-teensnext-gen/147.

4. Como citado em Grossman, "Young Adults Aren't Sticking with Church", *USA Today*.

5. Brian D. Molitor, *Boy's Passage, Man's Journey* (Lynnwood, Wash.: Emerald Books, 2004), 17-18.

6. "The Gang Threat", lançado na imprensa pelo FBI em 06/02/2009 em http://www.fbi.gov/news/stories/2009/february/ngta_020609/.

Capítulo 1: Ritos e Bênçãos
1. De Jerry Moritz por e-mail para Tom Neven em 24/06/2010. Moritz ensina no International Christian Ministries Seminary / African Theological Seminary há 11 anos, em Kitale, Kenya e teve contato direto com o povo massai.
2. John Wesley, *Wesley's Explanatory Notes*, 1 João 2, 1754-54 em http://www.Biblestudytools.com/commentaries.
3. Brian D. Molitor, *Boy's Passage, Man's Journey* (Lynnwood, Wash.: Emerald Books, 2004), 120.

Capítulo 2: Desenvolvendo a Ideia
1. Jim e Janet Weildman e J. Otis e Gail Ledbetter, *Spiritual Milestones* (Colorado Springs: Focus on the Family, 2001), 12.
2. Ron Dunn, *Just Don't Sit There... Have Faith* (Amersham-on-the-hill, Bucks, U,K.: Scripture Press Foundation, 1994), 38.
3. C.S, Lewis, *The Four Loves* (New York: Houghton Mifflin Harcourt, 1991), 3-4.
4. Warren Wierbe, *Be Quoted* (Grand Rapids: Baker, 2000), 84.

Capítulo 4: A Vez de Tommy
1. Mike Rich, *Radio*, Columbia Pictures, 2003.

Capítulo 5: O Rito de Victoria
1. Brian e Kathleen Molitor, *Girl's Passage, Father's Duty* (Lynnwood, Wash.: Enerald Books, 2007), 21.

Capítulo 8: Resultados
1. "Study of Relationships between Adult Children and Parents", *Medical News Today*, 06/05/2009; em http://www.medicalnewstoday,com/articles/149047.php.
2. Carol Kuykendall, Give Them Wings (Wheaton, Ill.: Tyndale, 1994); citado em http://www.troubledwith.com/Relationships/A000001203.cfm.

Epílogo: Nunca é Tarde Demais
1. Robert Lewis, *Raising a Modern-Day Knight: A Father's Role in Guiding His Son to Authentic Manhood*, rev. ed. (Carol Stream Ill.: Tyndale, 2007), 9.

Agradecimentos

Dentre os muitos que tornaram possível tanto este livro quanto meu ministério, começo com Sheila, minha esposa e melhor amiga. A mulher que melhor me conhece, mais me ama e a quem nunca desmerecerei. Você faz parte dos melhores anos da minha vida (vinte e oito e ainda contando). Nossos filhos são abençoados por serem seus filhos e eu a amo com todo o meu ser, do seu eterno *Honey Bunny*.

A Victoria e Mark, Buddy e Mallory, Tommy e Kelly e, por fim, Sarah, obrigado por me darem alegrias imensuráveis. Muito obrigado por tantos ricos momentos e, como nossa família vai seguir em frente, por tudo que vem adiante.

Também sou grato a Michael Catt, pastor presidente, mentor e amigo. Durante esses anos ao seu lado, aprendi a ser um pai melhor, marido e pastor eficaz aprendendo com o seu exemplo. Vez após vez, Deus o tem usado para dar forma à minha família e a mim para chegarmos à imagem de Jesus Cristo, pelo que lhe sou eternamente grato.

Meu obrigado a Mandy McGuire, minha assistente administrativa nestes últimos 4 anos. Você tem me apoiado e sempre me lembrando de onde estive, onde e quando eu precisava estar em algum lugar. Não perde uma oportunidade de fazer tudo de maneira excelente e sou grato por servir ao Senhor ao seu lado.

James G. McBride Sr. é meu pai e o herói da minha vida. Obrigado por ter me dado aquele anel e por aquele momento que agora posso usar para ajudar outros homens a abençoarem seus filhos. Norma McKinney é minha mãe e minha líder de torcida número um. Muito do homem que sou se deve graças à mulher que você é.

Como sou grato pelo meu escritor/revisor, Tom Neven. Sem você este livro ainda seria um monte de arquivos aleatórios e parágrafos incompletos. Obrigado por me ajudar a transformar as ideias do meu coração em páginas com palavras.

Sou especialmente grato a Greg Thorton, Randall Payleitner, Carolyn Shaw, Jim Vincent e todos da Moody Publishers. Quem diria que uma equipe em Chicago poderia fazer tanto por este homem na Albânia, Geórgia? Obrigado por acreditarem em mim.

Finalmente, a Bill Reeves, meu agente, irmão em Cristo e amigo: obrigado por me incentivar do princípio ao fim.

20 Coisas que Eu Preciso Dizer à Minha Filha

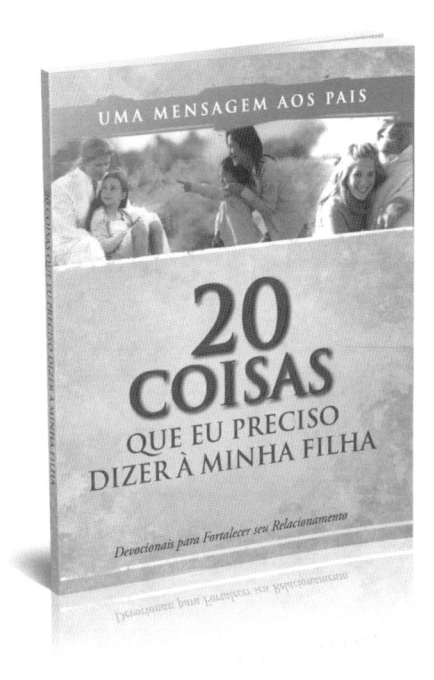

Como pais, somos conduzidos a viver uma das experiências mais surpreendentes desta vida. Algumas pessoas que passam por esse momento ímpar, tanto homem quanto mulher, sentem que ter um filho simboliza uma ruptura na rotina familiar.

Vemos muitos pais se sentindo perdidos nesse caminho, com dúvidas ou até apavorados, pois agora existe uma vida que depende de suas escolhas, ensinamentos e cuidados.

Pensando nessas questões, trazemos neste livro importantes reflexões para auxiliá-los nessa caminhada árdua, porém recompesadora de ser pais de futuras mulheres de valor. Seja um referencial para sua filha e coloque em ação Provérbios 22:6:

Educa a criança no caminho em que deve andar;
e até quando envelhecer não se desviará dele.

bvbooks
WWW.BVFILMS.COM.BR ❖ (21) 2127-2600

20 Coisas que Eu Preciso Dizer ao Meu Filho

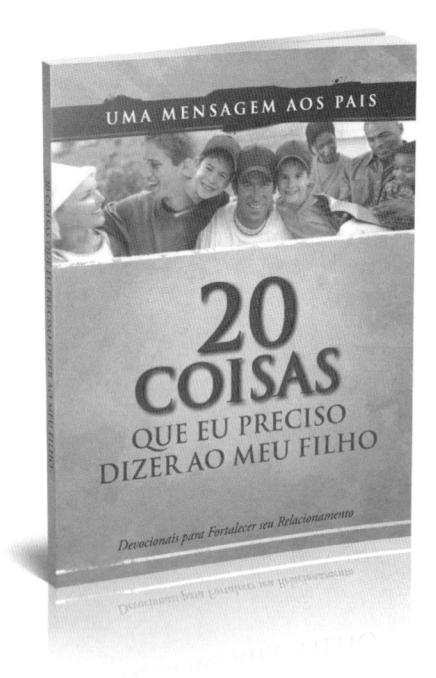

Como pais, somos conduzidos a viver uma das experiências mais surpreendentes desta vida. Algumas pessoas que passam por esse momento ímpar, tanto homem quanto mulher, sentem que ter um filho simboliza uma ruptura na rotina familiar.

Vemos muitos pais se sentindo perdidos nesse caminho, com dúvidas ou até apavorados, pois agora existe uma vida que depende de suas escolhas, ensinamentos e cuidados.

Pensando nessas questões, trazemos neste livro importantes reflexões para auxiliá-los nessa caminhada árdua, porém recompensadora de ser pais de futuros homens de valor. Seja um referencial para seu filho e coloque em ação Provérbios 22:6:

> *Educa a criança no caminho em que deve andar;*
> *e até quando envelhecer não se desviará dele.*

100 Dias de Integridade para Homens

A sociedade contemporânea aponta um panorama de constante transformação, em que os juízos de valor subverteram o seio familiar e principalmente o amor ao próximo.

Portanto, é perceptível que o homem, como esteio da unidade familiar, tem sofrido diversos bombardeios em direção à integridade, leadade, perseverança, pontos tão inerentes ao homem de Deus.

Percebemos que é latente a necessidade de ferramentas que o auxiliem a lutar contra as dificuldades da vida, seja no papel de pai, marido, provedor, filho e, por fim, de homem valoroso.

Por isso, o livro *100 Dias de Integridade para Homens* visa à construção e aperfeiçoamento de um caráter que não se corrompe com as iguarias deste mundo, mas que promove a paz e a justiça em tempos em que a moral de unidade familiar jaz ao esquecimento.

Nesse livro, você encontra um estudo de 100 dias com os principais temas que influenciam a conduta, além de trazer respostas a dúvidas do homem moderno, com pensamentos de grandes homens que fazem a diferença em nossa sociedade, passagens bíblicas que alimentarão a sua fé, orações que o fortalecerão nessa árdua caminhada da busca pela integridade.

A RESOLUÇÃO DE TODA MULHER

De Priscilla Shirer, em parceria com os criadores do *best-seller* *O Desafio de Amar* e criadores dos filmes *Prova de Fogo* e *Corajosos*.

A Resolução de toda Mulher desafiará as mulheres a alinhar suas decisões diárias aos propósitos de Deus e aos planos dele para sua vida. Com base na verdadeira Palavra, esse livro a inspirará a ser uma mulher fortalecida no perfeito plano de Deus. Você aprenderá honrar a Deus como esposa, mãe e membro de uma família que busca seguir os propósitos de Deus e deixar um legado poderoso.

A Resolução de toda Mulher questionará sua forma de lidar com as dificuldades da vida e os impactos que suas decisões poderão provocar em seu futuro.

Desperte a mulher corajosa que há em você e aceite o desafio de se tornar "propositalmente feminina, surpreendentemente satisfeita e fielmente de Deus".

bvbooks
WWW.BVFILMS.COM.BR ❖ (21) 2127-2600

A Resolução de Todo Homem

A Resolução de todo Homem é um livro inspirador, escrito por Stephen e Alex Kendrick, autores do livro best-seller *O Desafio de Amar* do aclamado filme *Prova de Fogo*.

Um homem não deve ser indiferente ao que diz a Palavra de Deus, ele precisa reconhecer que as gerações futuras serão diretamente afetadas por suas decisões diárias. Para isso, é preciso deixar no passado as falhas cometidas para viver o presente e se tornar um homem comprometido com Deus, com a família e com a Igreja.

A história desafia homens de todas as idades a se reconciliar com o passado, assumir corajosamente sua responsabilidade como líderes de seus lares e avançar rumo ao futuro de forma clara e ousada.

A Resolução de todo Homem alerta os pais, comprometidos com os propósitos de Deus, acerca da influência que têm sobre seus filhos na sociedade e da importância de deixar o legado de uma vida cristã.

bvbooks
WWW.BVFILMS.COM.BR ❖ (21) 2127-2600

HOMEM DE VALOR

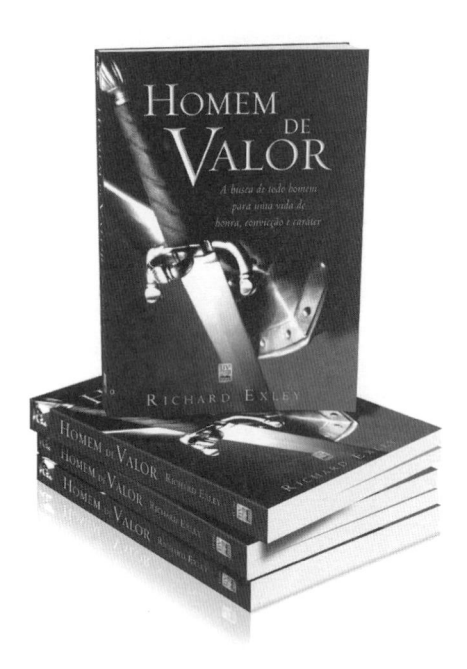

Em uma sociedade em que se tornou aceitável esconder quem realmente somos, o autor Richard Exley fala sobre todas as pressões reais e intimidadoras que todos os homens encaram – desafiando-os a confrontar estes problemas com convicção e caráter.

Richard fala ainda sobre problemas desconfortáveis e muitas vezes velados sobre a masculinidade discursando desde as pressões financeiras, integridade, saúde, os malabarismos para administrar a família e a carreira até o preço real da infidelidade.

Com um formato de devocional, este livro vai direto ao ponto, utilizando passos práticos que são projetados para ajudar você a se integrar aos princípios de Deus em sua própria caminhada diária.